He Decidido
VIVIR
120
AÑOS

ELOGIOS A
HE DECIDIDO VIVIR 120 AÑOS

"Una encantadora guía llena de inspiración e información para aquellos que deseen tener vidas plenas, vibrantes y significativas a cualquier edad".

—**don Miguel Ruiz,** Autor de *Los Cuatro Acuerdos*

"Este magnífico libro enciende el verdadero espíritu de lo que significa vivir plenamente. Pero más que eso, ofrece la fórmula precisa que necesitas seguir si quieres vivir la vida con la mayor plenitud posible, la mejor salud posible, y la mayor edad posible".

—**Christiane Northrup, MD,** Autora de
Cuerpos de mujeres, Sabiduría de mujeres

"He tenido la fortuna de experimentar de primera mano cómo su perspectiva visionaria del potencial humano realmente se traduce a la realidad y he incorporado sus consejos a mi propia vida. Si hay un libro que no debes perderte, es este".

—**Emeran A. Mayer, MD, PhD,** Autor de *La Conexión Mente-Intestino*

"La sabiduría presentada es tan profunda como accesible, esto permite su uso instantáneo. Lo que leerás aquí puede cambiar tu vida para mejor inmediatamente y no se puede pedir más que eso de un libro".

—**Neale Donald Walsch,** Autor de la serie *Conversaciones con Dios*

"Ilchi Lee emana una brillante luz de sabiduría antigua y postmoderna sobre el impacto en cómo cada uno de nosotros definimos nuestro propósito de vida y los caminos que utilizamos para su cumplimiento. Lo más genial de su libro no son solamente sus principios, sino cómo lo llena con su buen corazón".

—**Michael Bernard Beckwith,** Autor de *Visualización de Vida*

"Nunca es demasiado tarde para mejorar tu salud, para dar de vuelta, encontrar un significado en la vida y despertar. Ilchi Lee comparte contigo cómo hacer todo esto, especialmente en tus últimos años".

—**Karen Berg,** Directora Espiritual del Centro Kabbalah

"Estoy escogiendo personalmente estudiar con Ilchi Lee para "Vivir 120 años" y cumplir mis propósitos de vida. A los 88, ¡siento como si me estuviera renovando cada día! Para todos nosotros que estamos experimentando la llamada interna que nos invita a participar completamente en los próximos años de la transformación más radical que haya conocido la humanidad, este libro es una guía esencial".

—**Barbara Marx Hubbard,** Fundador de la Fundación para la Evolución de la Consciencia

"Me he beneficiado especialmente de su guía a la hora de integrar nuestra salud física, mental y espiritual para liberarnos a llevar vidas emocionantes, significativas y plenas conforme envejecemos. Este libro es de carácter obligatorio para todos los que buscamos maximizar nuestra alegría personal y la realización completa de nuestro propósito".

—**Reed Tuckson, MD,** Comité de Asesoría del Centro Nacional para la Salud Complementaria e Integrativa en NIH

"Ofrece estrategias prácticas, preguntas de evaluación, y el arte de contar historias para inspirar a los lectores a retarse a sí mismos no solamente para envejecer con gracia, sino para iluminarse por completo. ¡Es una lectura fundamental!".

Jessie Jones, PhD, Director del Centro para Vecindarios Saludables, Universidad del Estado de California, Fullerton

"Este es un libro de sinceridad profunda que ofrece herramientas adecuadas y prácticas que te guiarán hacia tus años del crepúsculo con gracia".

—**Darren Wolfe, Ac.PhD.DNM,** El Doctor del Détox, Autor de *Saludable hasta los 100*

He Decidido
VIVIR
120
AÑOS

El antiguo secreto de la longevidad, vitalidad
y transformación de la vida

ILCHI LEE

BEST
LIFE
MEDIA

459 N. Gilbert Rd, C-210
Gilbert, AZ 85234
www.BestLifeMedia.com
480-926-2480

Primera edición de bolsillo: septiembre, 2018.
Número de Control de la Librería del Congreso: 2018951734
ISBN-13: 978-1-947502-10-9

Atribución: Poema en la página 278 © 1974 Nancy C. Wood, reproducido de Muchos Inviernos, cortesía de Nancy Wood Literary Trust (www.NancyWood.com).

Portada y diseño interior por Kiryl Lysenka.

Le dedico este libro a mi padre, que fue mi profesor y amigo y me enseñó lo que es realmente una vida de benevolencia y plenitud.

CONTENIDO

Abrazando una nueva humanidad y una nueva tierra

¿**P**uedes imaginarte a ti mismo con 120 años? Es posible que esta idea haya despertado tu imaginación cuando leíste el título del libro: He decidido vivir 120 años. Puede que ya te hayas acostumbrado a la idea de vivir 90 o incluso 100 años, pero 120 años suena bastante absurdo. Entonces quizás te estés preguntando "¿qué fuente secreta de la juventud ha descubierto este autor?".

Te lo voy a decir sin rodeos: no tengo ninguna pastilla mágica que garantice que tú o cualquier otra persona pueda vivir 120 años. Yo tengo casi setenta años en este momento y no puedo asegurar que viviré tantos años. Sin embargo, he tomado la decisión de estar en este mundo hasta cumplir 120 años.

La palabra clave es "he tomado la decisión". He tomado una decisión clara e inquebrantable de vivir hasta los 120 años. No puedo saber cuándo será el verdadero día final de mi vida, pero sé que esa vida es una posibilidad y que puedo tener la expectativa de llegar a esa edad, especialmente si doy los pasos necesarios para vivir de forma saludable y con un profundo sentido del propósito. Las investigaciones biológicas han demostrado que las células humanas tienen el potencial de funcionar y replicarse durante 120 años, e incluso más tiempo si son asistidas por las nuevas tecnologías que plantean horizontes alternativos. No resulta poco realista entonces tener esa expectativa de vida.

Concebí este libro cuando comencé a mirar en retrospectiva mi vida cuando estaba por llegar al final de mi sexta década de vida. Comencé a preguntarme qué quería hacer con los años que me quedaban. Durante mi juventud, pensaba que mi vida iba a estar prácticamente acabada a los 60 años, porque la expectativa de vida en ese momento era esa aproximadamente, y se pensaba que 60 años era un tiempo considerable. Pero hoy en día la historia es muy diferente. Las personas viven con frecuencia 20 o 40 años más.

Sin embargo, tristemente, nuestras culturas siguen funcionando como si viviéramos 60 o 65 años y muchas personas que superan esas edades quedan sin propósitos o pasiones. Además de eso, la mayoría de las personas mayores que conozco no saben cómo mantener su salud y fuerza, y quedan sin la capacidad de ser proactivos en sus vidas.

Ahora que estamos viviendo más tiempo que antes, todo el mundo está intentando averiguar cómo vivir bien en sus últimos años de vida. Estamos experimentando una inundación de consejos sobre cómo envejecer exitosamente, desde empresas de Fitness, proveedores de complementos nutricionales, libros, artículos en Internet, TV y gurús de la salud. Pero a mi parecer tales recomendaciones tienen una falla muy importante: les falta lo que yo llamo espíritu. Creo que la tarea más importante en la segunda mitad de la vida es encontrar un propósito, algo que le ofrezca significado al resto de tus años significado. El espíritu que hace que cada momento cobre vida viene de ese propósito. Sin esto, incluso vivir hasta cumplir 80 puede ser aburrido y sin sentido.

Escribí este libro pensando en aquellos lectores mayores de 40 años que han comenzado a contemplar la última mitad de sus vidas. Pero realmente puede ayudar a cualquier persona, sin importar su edad, que desee tener una vida significativa y plena. Después de todo, hay algo de lo que no podemos escapar: todos envejeceremos algún día, a menos de que tengamos una muerte trágica siendo aún jóvenes.

Planificarse para vivir una vejez plena debería ser tan normal como planificar una carrera laboral o contribuir con un fondo de retiros. La vejez es el futuro que nos espera a todos, y la forma en que vivas ahora tendrá un muy importante efecto sobre las décadas finales de tu vida.

Conforme planifico los años que me quedan por venir, confío en los mismos principios que adopté hace algún tiempo cuando comencé a creer que era posible alcanzar un nuevo futuro para la humanidad, cambiando también nuestras vidas individuales, mientras desarrollamos al mismo tiempo nuestro ser.

Durante los últimos 37 años, he adoptado la misión de ayudar a las personas a develar su verdadero yo y convertirse en la mejor versión posible de sí mismos. Fundé Educación Cerebral y Yoga para el Cuerpo y el Cerebro para el desarrollo del potencial humano. Ambos están basados en Sundo, un sistema de entrenamiento tradicional de Corea para la mente y el cuerpo.

Estos sistemas ahora son impartidos en todo el mundo y mis enseñanzas incluyen más de 40 libros publicados y dos películas. Debido a que he dado algunas vueltas por el mundo, desde Corea del Sur hasta Estados Unidos, después Japón, el Reino Unido, Canadá, Alemania, China y ahora Nueva Zelanda, he conocido a incontables personas que están interesadas en mejorar y extender sus vidas.

Ahora que soy un poco mayor, he tomado la decisión de seguir hacia adelante como si me quedaran muchos años por vivir, y continúo trabajando para crear un futuro sostenible y lleno de esperanza para toda la humanidad. Hace dos años, comencé un proyecto en la pequeña ciudad de Kerikeri en la Isla Norte de Nueva Zelanda. Estoy creando una escuela residencial y una comunidad allí, en la que cientos de personas pueden experimentar un estilo de vida de autoconfianza y de respeto hacia el medio ambiente, en un lugar en el que los humanos y la naturaleza vivieran en armonía – un hermoso bosque de 380 acres. Este lugar se llama Earth Village.

A través del Proyecto Earth Village, los visitantes encuentran su verdadero ser en una locación hermosa y natural. Le quería regalar a las personas lo que llamo "el sueño del Ciudadano de la tierra", cuando las personas trascienden a sus seres más pequeños y comienzan a recibir a otros en su mundo. Quiero que sea un lugar que sirva de modelo de armonía, coexistencia y paz infinita. He incluido fotos del sitio en este libro, esperando que sirvan de inspiración.

Espero que noten algo importante sobre la visión que he implementado en Earth Village: es una visión diseñada para el futuro de la humanidad, no solamente para las personas que están vivas hoy. A cualquier edad, es fácil caer en el hábito de preocuparse únicamente sobre los problemas que surgen en el día a día. Especialmente durante nuestra vejez. Es fácil no preocuparse demasiado por el futuro; sentimos que no tenemos que ocuparnos del tiempo que vendrá porque no estaremos vivos para experimentarlo. Pero si planificamos vivir hasta los 120 años, nos convertimos en uno de los grupos de interés del futuro, y podemos tener un propósito y una visión hasta nuestro último aliento. Para mí, al elegir vivir 120 años, puedo asumir la responsabilidad completa del plan y lo he puesto en movimiento a través del Proyecto Earth Village.

Estoy escribiendo este libro porque pienso que todo el mundo puede vivir de esta forma, con un sentido del propósito y visión para todas sus vidas, no solamente para la mitad de sus vidas. Durante el transcurso de los años, me han dicho muchas veces que mis planes eran muy alocados y que fallaría. En oportunidades fallé, pero con más frecuencia acerté, he tenido éxito y, más importante aún, nunca me he rendido. Como resultado, las vidas de muchas personas han cambiado para mejor y han encontrado su propio sentido y propósito en la vida.

Como una persona mayor, puede que te estés encontrando en una situación similar – en la que la gente te diga que es una locura pensar que puedes comenzar algo nuevo e importante a tu edad. Pero estoy aquí para decirte que sí puedes. Puedes vivir tu vida con visión y pasión, y puedes hacer algo que marque una diferencia real en este mundo difícil. No es demasiado tarde.

Aprenderás tres cosas importantes sobre ti mismo y sobre tu vida al leer este libro:

Primero, la segunda mitad de tu vida no tiene por qué ser una época de declive y regresión. Puede ser tu edad dorada – increíblemente significativa y llena de esperanzas. Todo depende de las metas que establezcas para tu vejez. En estas páginas, te ayudaré a definir esas metas de forma que estén verdaderamente alineadas con tu ser más elevado.

Segundo, puedes tomar las riendas de tu salud física a medida que envejeces. Aprenderás principios y métodos concretos para crear tu propio bienestar conforme manejas activamente tu proceso de envejecimiento. Este no es un libro para la extensión de la vida ni un programa antienvejecimiento, pero encontrarás consejos que te ayudarán a llevar una vida más prolongada y saludable.

Tercero, tienes el poder y el potencial de afectar el futuro de toda la especie humana y de la tierra, así como las vidas de los individuos que te rodean. Puedes contribuir con el nacimiento de una nueva cultura de sabiduría sin precedentes en la historia de la humanidad. Todo depende de los valores que quieras desarrollar y el estilo de vida que elijas para la vejez.

He desarrollado un manojo de recursos para ayudarte a aplicar lo que aprenderás en este libro, encontrarás videos, meditaciones guiadas con audio y guías ilustradas. Para una experiencia más profunda, cuento con un curso en línea. Disponible en Live120YearsBook.com.

Este libro está lleno de pensamientos y sugerencias para diseñar una vida plena después de cumplir los 60. Puede que te queden entre 20 y 60 años de vida después de la jubilación. ¿Cómo deseas pasar ese tiempo? ¿Tienes metas latentes que aún no hayas podido alcanzar? Busquemos juntos una respuesta en este libro.

Pienso que la vida de 120 años no es un sueño imposible. No es un milagro que solamente puede ser disfrutado por aquellas personas con genes excepcionales para la longevidad. Es una herramienta que se puede utilizar después de ingresar en la segunda mitad de sus vidas. Una vida de 120 años es un proyecto global para avanzar en el desarrollo de la especie humana, en lugar de un proyecto enfocado únicamente en la longevidad individual.

A lo largo de este libro, espero que pienses mucho sobre lo que puedes dejarle a la tierra. Tenemos la responsabilidad de hacer de nuestra larga existencia una bendición para el planeta y para las personas que amamos, además de para nosotros mismos.

Desde Earth Village en Nueva Zelanda,
Ilchi Lee

" Planificarse para vivir una vejez plena debería ser tan normal como planificar una carrera laboral o contribuir con un fondo de retiros. La vejez es el futuro que nos espera a todos, y la forma en que vivas ahora tendrá un muy importante efecto sobre las décadas finales de tu vida."

CAPÍTULO 1

He decidido vivir 120 años

Tengo 67 años. Y he decidido vivir hasta los 120. Hace unos pocos años, pensé que sería suficiente con mantenerme activo y saludable hasta llegar a los 80. Mi padre murió hace unos meses a los 94 años. Comenzando su octava década, se mantuvo vigorosamente activo. Él sabía mucho sobre el pensamiento oriental y el *feng shui*, y después de haberse retirado como profesor, dedicó sus últimos años a ofrecer asesoría y consejos para las personas del pueblo en relación a sus hogares y preocupaciones, y sobre la vida en general. Sin embargo, después de cumplir 85, su salud se hizo mucho más frágil y prácticamente no podía salir de la casa. Haber sido testigo de la vejez de mi padre es probablemente lo que me llevó a pensar, sin darme cuenta, que una vida feliz e independiente sería posible hasta los ochenta, pero que debía prepararme para el final de mi vida después de eso.

En el 2008 escribí un libro llamado "Florecimiento pleno: una guía de educación cerebral para envejecer con éxito", con la Dra. Jessie Jones, que era codirectora del Centro para la Vejez Exitosa en la Universidad Estatal de California, Fullerton. En ese libro, presentamos el estilo de vida *Jangsaeng*, que significa vivir mucho tiempo con salud y felicidad mientras cumples tus sueños. El libro fue reseñado ese año por la revista *Foreword Reviews* como uno de los siete títulos de autoayuda destacablemente bien escritos. Afortunadamente, a los lectores también les encantó. Las conferencias y presentaciones con la Dra. Jones en Estados Unidos, Corea del Sur y Japón me dieron la oportunidad de conocer a cientos de personas mayores que deseaban tener una vejez exitosa. Pero incluso entonces, nunca había pensado que podía vivir más allá de los 100 años.

Mis motivos para elegir vivir 120 años

Diversos eventos comenzaron a cambiar mi forma de pensar. Durante muchos años, me crucé con diversas historias en los medios sobre el aumento de las probabilidades de llegar a los 100 años y muchas entrevistas con personas muy longevas en el mundo. Entonces, hace cinco años, tuve la oportunidad de jugar golf y conversar con Jongjin Lee, de 102 años, en Corea del Sur. No solamente tenía la mente tan clara y era tan vigoroso como para jugar golf, sino que además su optimismo e ingenio lo hacían un encanto. El hijo de Lee, de 66 años, que estaba allí con nosotros, dijo que aunque a veces utilizara un carrito de golf por la debilidad de sus rodillas, su papá podía caminar con facilidad las 4 millas del campo de golf. Jongjin Lee había decidido caminar mucho para mantener su corazón y sus piernas fuertes, y todas las mañanas a las seis, hacía una caminata de una hora por un camino cercano a su casa. Cuando llovía o nevaba, caminaba con una sombrilla.

La experiencia de conocer y hablar directamente con alguien que había superado los 100 años fue un shock para mi cerebro. Me resultaba inverosímil que tal vitalidad y fortaleza mental saliera del cuerpo de un humano de 100 años. Después de eso, conocí a muchas personas impresionantes que vivían de forma saludable y vigorosa, aun cuando tenían casi cien años. Comencé a sentir que la era de los centenarios había llegado y que muchas personas estaban viviendo en ella. Me daba la impresión de que el increíble aumento en las expectativas de vida de los seres humanos era mi problema, no simplemente estadísticas fascinantes o historias en las noticias.

El primer sentimiento que provocó pensar que podía vivir 100 años definitivamente no fue una alegre expectativa. Realmente fue "¡Ups!". Fue la sensación de que había estado corriendo medio maratón diligentemente y estaba muy cerca de la meta, al darme cuenta repentinamente de que la carrera no se trata de medio maratón, sino de un maratón completo. Me alarmó mucho el hecho de que mi cuerpo y mente no estaban preparados para afrontarlo.

Esta contemplación significó una importante revelación para mí. Me di cuenta de que había estado asumiendo un papel pasivo en mi expectativa de vida, en otras palabras, en el tiempo que me quedaba. Siempre había pensado que ese tiempo me había sido dado; nunca pensé que podía extenderlo con mi voluntad. Pensaba que una vida larga era una cosa externa que me había otorgado el desarrollo de la medicina o los cambios sociales o culturales; realmente no se me había ocurrido que podía dirigir este proceso yo mismo.

Como resultado, encontré que mi expectativa de vida culminaba a los 80 años. El tiempo que tendría después de eso no estaba contemplado en el diseño de mi vida. Pero a menos de que tuviera un diseño para la vida durante la vejez, incluso si terminaba viviendo 90 o 100 años, no hubiese sentido que jugué un papel activo. No habría sido capaz de decir "decidí ser quién soy y vivir este sueño, y viví para llegar a los 90, a los 100, de acuerdo con el plan de vida que diseñé".

Después de esta serie de reflexiones, tomé la decisión de cambiar ampliamente mi forma de pensar. Esta es la expectativa de vida aceptada generalmente en términos biológicos para los seres humanos. Entonces, establecí mi expectativa de vida como el número máximo de años que el entendimiento científico actual permite y después decidí rediseñar mi existencia a partir de esa perspectiva de 120 años.

La razón fundamental por la que decidí vivir 120 años, como revelé en la introducción, no parte del deseo personal de una vida larga. Tampoco era el número que podía esperar con base en mi historia familiar o mi estado de salud actual. Mi elección partía de mi deseo de servir al mundo y de responsabilizarme por el gran sueño que he diseñado para mi vida. Para este sueño, quiero completar el Proyecto Earth Village que comencé en Nueva Zelanda. Esta elección me trajo una gran cantidad de cambios a nivel personal.

En primer lugar, los pensamientos sobre mi edad actual cambiaron significativamente. A los 67 años, siento que estoy en la última etapa antes de llevar la vida de una persona de 80, pero apenas acabo de pasar la mitad de una vida de 120 años.

¡Me quedan más de 50 años! Entonces, ¿cómo debo vivir durante esta época? ¿Para qué quiero vivir? Este cambio en mi pensamiento me ofreció la oportunidad de reflexionar seriamente de nuevo sobre quién soy y qué es lo más importante para mí, y me aclaró aún más en qué debía enfocarme para cumplir los sueños y vivir de acuerdo con los valores que consideraba importantes.

En segundo lugar, comencé a gestionar mi cuerpo y mi mente de forma más activa. Si voy a vivir hasta los 120 años por elección, en lugar de simplemente confiar en tener suficiente suerte para vivir esos años, debo considerar que tener buena salud es fundamental. Por esa razón, he trabajado para desarrollar hábitos de alimentación y de estilo de vida saludables, y me ejercito en todas las oportunidades que tengo. Por ejemplo, pensando que necesitaré mantener suficiente fuerza física como para levantar mi cuerpo, hago 10 flexiones de pie contra la pared cada día.

En tercer lugar, mi cerebro está siendo estimulado, por lo que ahora trabajo más fuerte que nunca. La información de "una vida de 120 años" fue un shock nuevo y poderoso para mi cerebro. Ahora mi cerebro está buscando apasionadamente los hábitos de pensamiento y comportamiento para detectar qué debe cambiar, demandando con frecuencia que arregle ciertas cosas para poder vivir una buena vida de 120 años. Ha comenzado a bombear ideas nuevas, creativas, como si me estuviera confirmando que puede vivir 120 años sin ningún problema. Mi cerebro parece estar segregando hormonas que aumentan el positivismo y la vitalidad, y yo siento como si tuviera 30 años menos.

Siento que mi cuerpo y mente están ahora en un estado óptimo y que estoy viviendo con esperanza y alegría, y de forma más apasionada que nunca. Siento una gran gratitud porque, al elegir vivir 120 años, he tenido la oportunidad de diseñar mi vejez con una perspectiva de largo plazo, y ahora tengo más tiempo de hacer trabajos más significativos que la mayoría de las personas en el mundo.

¿Qué piensas de vivir hasta los 120 años?

Desde que elegí vivir 120 años, he hablado activamente sobre esta decisión en todas las oportunidades que se me han presentado, bien sea en privado o en público. La mayoría de las personas han resultado fascinadas. Particularmente aquellos que rondan los sesenta años, suelen estar sentados, relajados, hasta que repentinamente se inclinan hacia adelante a escuchar con atención conforme comienzo a hablar de esto.

Sin embargo, descubrí rápidamente que no a todo el mundo le gustan mis ideas. Incluso algunas personas han adversado la idea de elegir vivir 120 años. Estas personas han reaccionado de alguna de las siguientes formas:

- ¿Realmente eso es posible? Todavía eso no es más que un sueño.

- ¡Oh, Dios! Para mí, ¡eso sería el infierno!

- Simplemente porque lo hayas decidido no significa que vas a vivir tanto tiempo, ¿o sí? Deberíamos disfrutar de los años que nos han dado de vida antes de morir.

¿Y qué hay de ti? ¿Cuál es la principal idea o sentimiento que te viene al pensar en vivir 120 años? ¿Sientes expectativas o una sensación de carga?

La persona más longeva que se ha documentado es una mujer francesa de 122 años, Jeanne Calment, quien vivió desde 1875 hasta 1997. Con frecuencia solemos escuchar de personas que viven incluso más tiempo, aunque sus fechas de nacimiento no han podido ser verificadas. Se dice que la mayoría de los animales en la tierra pueden vivir hasta seis veces su período de crecimiento. Con base en esta teoría, muchos académicos piensan que la expectativa de vida humana, que incluye un período de crecimiento de 20 años, puede llegar hasta los 120 años. Muchas tradiciones orientales de entrenamiento de mente y cuerpo sugieren que los humanos pueden vivir con buena salud hasta los 120 años si se cuidan en concordancia con los principios naturales. Un equipo de investigación en el Albert Einstein College en la ciudad de Nueva York anunció recientemente que el límite de la expectativa de vida humana es de 115 años, aunque muchos científicos objetaron esta afirmación, argumentando que de hecho los humanos pueden vivir más tiempo.

De acuerdo con los datos de las Naciones Unidas para el 2015, la población global de personas de más de 100 años es de 500.000 individuos. Ese es un aumento cuádruple frente a los datos de hace 20 años, y se predice que este número aumentará aún más rápido en el futuro. De acuerdo con una encuesta, 72.000 americanos superaban los 100 años en el 2014. Hace no mucho, la empresa de tecnología global Google comenzó a invertir masivamente en un proyecto de extensión de vida. Leí en un artículo que la meta del proyecto es extender la expectativa de vida humana a los 500 años.

No estoy seguro de que podamos vivir tanto tiempo como lo espera el proyecto respaldado por Google, pero pienso que una expectativa de vida de 120 años como norma general llegará mucho más rápido de lo que pensamos. La expectativa de vida humana promedio no era más de 47 años en 1900, pero ha continuado mejorando con los avances en la higiene y nutrición, además de las mejoras en la tecnología médica, y ahora es de 79 años.

¿Qué tan rápido se está desarrollando la tecnología? Piensa en nuestras vidas hace 40 años. Era muy poco frecuente que un individuo tuviera una computadora y no hubiéramos podido imaginarnos el mundo de hoy en el que todo el mundo tiene un teléfono inteligente. El desarrollo de la ciencia y la tecnología, la consciencia popular de la importancia de los cuidados personales, y la amplia adopción de estilos de vida saludables podrían llevar a la humanidad a vivir vidas más largas de lo que imaginamos. La mayoría de los surcoreanos de 40 y 50 años dan por sentado que vivirán hasta los 100 años si manejan adecuadamente su salud. Los productos de seguros que ofrecen coberturas hasta los 110 años están siendo mercadeados activamente en la actualidad.

Incluso si no eres tan optimista en cuanto a la extensión de la vida humana, está claro que viviremos mucho más tiempo que la generación de nuestros padres. Si actualmente tienes cerca de 60 años, podrías tener entre 20 y 60 años por vivir aún.

Intenta multiplicar tu edad por 0,7

"¿Vivir 120 años? ¡Para mí eso sería el infierno!". Las personas que sacuden su cabeza ante la idea de vivir 120 años piensan "la vejez es un tiempo de dificultades y soledad". Una vida longeva evoca pensamientos de enfermedades, fragilidad, dependencia y preocupaciones sobre si se convertirán en una carga para otra persona. Estas personas puede que hayan tenido algún familiar o conocido que haya fallecido después de haber estado en cama, tras una vejez difícil y dolorosa. La vejez a la que nos exponemos en los medios también está llena de problemas serios, lo que alienta aún más los pensamientos negativos sobre nuestros últimos años.

Por supuesto, conforme envejecemos, no podemos evitar los cambios físicos y mentales que acompañan al fenómeno de envejecer. Habrá momentos en los que las cosas que podíamos hacer antes sin dificultad, como levantar objetos pesados, subir las escaleras o aprenderse rápidamente un nombre, ya no se sientan sencillas. Sin embargo, las mentes y los cuerpos en los 50 y 60 años están incomparablemente más llenos de juventud y fuerza ahora que cuando nuestros padres transitaron tales edades. Adicionalmente, la mayoría de nosotros nos retiramos en un estado de salud y finanzas mucho mejor que la generación anterior.

Elegir vivir hasta los 120 años no significa simplemente extender nuestras vidas unas décadas más hasta tener, inmediatamente antes de nuestra muerte, cuerpos frágiles y mentes confundidas. Significa que buscamos alcanzar cosas en nuestra vejez, eligiendo activamente cómo vivimos, y creamos un tiempo en el que podemos tener salud y felicidad, sintiendo que este es un tiempo divertido y lleno de recompensas.

Un nuevo método para calcular la edad se puso de moda durante un tiempo en Japón, cuyos habitantes están entre las vidas más largas del mundo. De acuerdo con este método, debes multiplicar tu edad actual por 0,7. Entonces, se afirma, tendrás la edad que realmente sientes, física y mentalmente, porque estos días vivimos con mucha más alegría que la generación anterior. Al calcular la edad de esta forma, una persona de 50 realmente tiene 35 años, una de 60 tiene 42 años, y una de 70 tiene 49 años. ¿Y qué hay de una persona de 120 años? ¡84!

Nuestras mentes siguen estando influenciadas por ideas derivadas de cuando la expectativa de vida era de 60 años. Sin darnos cuenta, estamos programados para pensar en nuestros 20 y 30 años como nuestra juventud, y nuestros 40 y 50 años como nuestra edad madura. Pensar en 60 años o más implica imaginar cuerpos poco firmes, pérdidas, dolor y dependencia.

En muchos países, los 65 años suelen ser generalmente la edad de la jubilación, y desde ahí en adelante las personas se suelen considerar de tercera edad, o mayores. Se dice que la práctica de definir los 65 años como el principio de la vejez nació en Alemania, en 1889, cuando el gobierno comenzó a pagar las pensiones de jubilación desde los 65 años. Debemos recordar que la expectativa de vida promedio en ese momento ni siquiera llegaba a los 50 años. Muchos gerontólogos dicen que las personas en sus 70 años ahora tienen vidas similares a las de 50 años durante la década de 1960. Repensar la vida de 120 años desde esta perspectiva definitivamente cambiará nuestra preconcepción de que una vida larga puede ser una carga.

Los hábitos de vida determinan la longevidad

Como maestro Tao, una de las cosas más importantes que le enseño a las personas es que nuestras vidas, fundamentalmente, no son nuestras. Las hemos recibido de la naturaleza y no sabemos cuándo nos dejarán. Lo que he elegido, vivir hasta los 120 años, es imposible sin la bendición de la naturaleza. Dentro de un año, incluso mañana, podría ser mi último día en la tierra.

Según un dicho coreano "da lo mejor de ti y después espera por las voluntades del Cielo". El mismo quiere decir que, en todo, primero debemos dar lo mejor de nosotros y después aceptar humildemente la voluntad de la naturaleza sobre si seremos exitosos. El poder de terminar una vida le pertenece a la naturaleza, pero podemos extender el tiempo que tenemos a través del manejo de nuestros cuerpos y mentes.

Muchos estudios han demostrado la asociación entre las expectativas de vida y el estilo de vida, por lo que las personas que han elegido estilos de vida poco saludables como abusar de la bebida, fumar, estar sometido a demasiado estrés, tendrán reducidas sus expectativas de vida por sus elecciones. Aquellas personas que han elegido estilos de vida saludables, que han desarrollado buenos hábitos, se ejercitan y piensan positivamente, tendrán sus expectativas de vida extendidas por sus opciones.

Entre los primeros factores que determinan la longevidad, la comida es definitivamente el más importante. La comida que consumes se convierte en tu cuerpo. Los resultados de un estudio realizado por la Universidad de Londres que incluía a 65.000 personas indicaron que aquellos que comen siete porciones de frutas y vegetales por día tienen una tasa de mortalidad prematura 42 por ciento menor en comparación con aquellos que comían menos de una porción por día. Aquellas que comen entre cinco y seis porciones por día tenían una tasa de mortalidad prematura de menos del 36 por ciento.

Es ampliamente conocido que comer menos es uno de los secretos para una vida duradera. De acuerdo con un estudio, aquellos que comen con moderación pueden esperar alrededor de cinco años más de vida. En Japón, muchas personas mayores con vidas muy longevas dejan de comer cuando se sienten llenos en un 80 por ciento. Además de comer menos, otro hábito parece estar relacionado muy de cerca con una vida duradera. Dan Buettner, el autor de "Las zonas azules: 9 Lecciones para vivir más tiempo de las personas que han vivido más tiempo", entrevistó a cientos de sujetos de más de 100 años en todo el mundo. Encontró que la mayoría comía las porciones más pequeñas de sus comidas al final de la tarde o en la noche.

El hecho de que el ejercicio es efectivo para extender la vida es universalmente reconocido. De acuerdo con un estudio conducido por el Departamento de Servicios Humanos y de Salud de Estados Unidos en sujetos de 40 años o más, hacer 150 minutos de ejercicio moderado o 75 minutos de ejercicio de alta intensidad todas las semanas tiene un efecto de extensión de vida de 3,4 años. Hacer el doble de esas cantidades de ejercicio tiene un efecto de extensión de vida de 4,2 años, e incluso aquellos que se ejercitan solamente la mitad de la cantidad recomendada alargaron sus vidas por 1,8 años.

Una mentalidad básica, actitud hacia la vida y las relaciones personales también son importantes para la extensión de la vida. De acuerdo con la Dra. Becca Levy de la Escuela de Salud Pública de Yale, aquellas personas con una perspectiva positiva sobre el envejecimiento viven unos 7,5 años más que aquellos con una perspectiva negativa. Tendemos a pensar que vivir sin preocupaciones y de forma relajada es efectivo para la longevidad, pero un estudio ha contradicho esta idea, mostrando que tener una personalidad diligente, consciente y prudente extiende la vida tres años, lo que equivale a una reducción del 20 o 30 por ciento en la mortalidad prematura. De acuerdo con los datos de 143 estudios en los que participaron 300.000 personas, los sujetos con conexiones sociales fuertes viven en promedio 7,5 años más que aquellos que están aislados.

Romper los hábitos que son dañinos para el cuerpo es esencial para la extensión de la vida. La expectativa de vida puede aumentar de seis a ocho años para una mujer que deje de fumar a los 35 años. Y si deja de fumar a los 50 años, la probabilidad de morir en los próximos 15 años se reduce a la mitad en comparación con alguien que continúe fumando. Reducir el tiempo que pasas sentado cada día a menos de tres horas tiene el efecto de extender tu vida dos años.

Mantener un estilo de vida saludable está conectado con la extensión de la vida en muchos aspectos. Podemos inferir que cambiar los principales hábitos hacia una dirección saludable podría extender la vida tan poco como 10 años o tanto como varias décadas. Nadie puede responder con confianza "por supuesto" a alguien que pregunte si vivir 120 años es posible solamente porque tenga la determinación mental de hacerlo. Sin embargo, si nuestras suposiciones se basan en los brillantes desarrollos de la tecnología médica y los resultados de los estudios que he mencionado, podemos decir que aproximarse gradualmente a esto es una posibilidad real.

¿Cuánto tiempo decidirás vivir?

Para diseñar de forma más activa tu vejez, te sugiero que elijas la edad a la que quieres llegar. Si pudieras tomar esa decisión, ¿cuánto tiempo desearías vivir? ¿Hay alguna edad en particular que venga a tu mente? De ser así, ¿por qué esa edad? Decide vivir hasta cierta edad en lugar de simplemente desear vivir ese tiempo. Expresa tu intención claramente para ti mismo, no para los demás.

¿Has decidido la edad que quieres alcanzar? Ahora, basándote en la edad que has seleccionado, calcula cuánto tiempo te queda entre este momento y el momento de tu muerte. ¿Treinta años? ¿Cuarenta años? ¿Cincuenta? La mayoría de las personas tendrán una gran cantidad de tiempo. Piensa seriamente en este tiempo. ¿No es al menos un tercio de tu vida o incluso la mitad?

Ahora hazte estas preguntas: ¿tengo una meta y un diseño para el tiempo que me queda? ¿Cómo sería vivir hasta la edad que he elegido? ¿Qué quiero alcanzar y en quién me convertiré en ese momento? Escucha cuidadosamente a la voz dentro de ti que responde esas preguntas.

Cada uno de nosotros puede elegir cómo utilizar el tiempo y la vida que nos han otorgado. Este es el mejor poder y derecho que tenemos. Sin embargo, desafortunadamente solo una pequeña porción de las personas hace un buen uso de este poder. La mayoría tiene pequeños planes sobre lo que harán mañana, qué harán la semana que viene, a dónde viajarán en las próximas vacaciones, qué harán en esta temporada de vacaciones, y así sucesivamente. Pocas personas tienen planes para dentro de cinco o diez años, mucho menos un plan vital para el flujo y las metas generales de su vida, durante la juventud, adultez y vejez.

Sin una imagen general sobre cómo viviremos nuestras vidas, y para qué, simplemente terminaremos yendo con la corriente, permitiendo que las circunstancias determinen los resultados. El novelista francés Paul Bourget dijo "debemos vivir como pensamos, o terminaremos pensando como hemos vivido".

Después de observar atentamente y hablar con personas que, como yo, han ingresado en las segundas mitades de sus vidas, he llegado a la siguiente conclusión: la mayoría no tiene una imagen concreta de sus vidas a los 70, 80 años y más. Esto también aplica para las personas que son activas física, mental y socialmente, y para las personas que viven de forma pasiva o aislada después de su jubilación. Incluso las personas que pasan su vejez realizando una gran cantidad de actividades como viajar, disfrutar de sus pasatiempos, o completar acciones de voluntariado, tienen listas de cosas que hacer para llenar sus horarios, pero raras veces tienen una idea general de lo que quieren lograr. Para diseñar la segunda mitad de tu vida de forma que sea saludable, feliz, llena de alegría y con un sentido del logro, debes tener tanto un propósito como una meta que le otorguen significado a este tiempo.

De hecho, al escoger cuánto tiempo vivirás, lo primero que tienes que hacer es encontrar un propósito o meta de lo que quieres lograr en el resto de tu vida. Elegir un número aleatorio que simplemente llega a tu cabeza tiene muy poco significado; un número aislado no te motivará para desear vivir hasta esa edad. Cuando tenemos metas que nos otorgan significado, damos lo mejor de nosotros para lograr esas metas, utilizando todos los recursos que tenemos. Cuando tenemos una razón para vivir hasta determinada edad, trabajamos aún más duro para gestionar nuestros cuerpos y mentes, y mantener hábitos de vida saludables.

A los 73 años, Susan Gerace de Temple (Arizona) tiene la meta de vivir con buena salud hasta los 93 años. Se retiró después de vivir toda su vida como enfermera y enfermera practicante, ayudando a madres a dar a luz a sus bebés y escribiendo prescripciones para pacientes. Como madre soltera, siente una gran gratitud y orgullo en el hecho de que le ofreció una muy buena educación a cinco niños que están viviendo sus vidas bien como individuos maduros y buenos ciudadanos. Ella dijo lo siguiente sobre sus razones para desear vivir hasta los 93 años:

Fue un día durante el año pasado. Estaba sentada con los brazos alrededor de los hombros de mi nieto de siete años. Me dijo: "abuela, más tarde, cuando crezca y tenga hijos, ¿estarás viva? Para que puedas abrazarlos como me estás abrazando a mí". "Claro", respondí. Hice un cálculo y elegí esa edad.

La idea de que Susan deseaba dejar buenos recuerdos y experiencias para sus nietos y bisnietos le dio la meta de vivir de forma saludable y vivir hasta los 93 años. Mis 120 años y los 93 años de Susan tienen significado porque son razones y propósitos claros que nosotros hemos elegido.

"¿Cuánto tiempo decidiré vivir?". Hazte seriamente esta pregunta y escucha tu voz interna. Encontrarás que es una pregunta muy poderosa y te permitirá descubrir qué es lo más importante en la vida. El viaje para hacer que la segunda mitad de tu vida sea la principal comienza con este descubrimiento.

Es muy poco probable que hoy sea tu último día. Pero la probabilidad de que sea el primer día del resto de tu vida es de un 100 por ciento. Si reflexionas sobre tu vida hasta ahora y planeas tu futuro desde una perspectiva a largo plazo, sin importar cuánto tiempo hayas decidido vivir, claramente podrás tener una vida más saludable, significativa y satisfactoria.

"

De hecho, al escoger
cuánto tiempo vivirás, lo
primero que tienes que
hacer es encontrar un
propósito o meta de lo que
quieres lograr en el resto
de tu vida".

CAPÍTULO 2

¿Cuál es el verdadero camino de la humanidad?

El fenómeno de la sociedad que envejece, como resultado de un aumento en las expectativas de vida y bajas tasas de nacimiento, es altamente llamativo en todo el mundo. Se estima que la población mundial aumente en un 20 por ciento para el año 2.050, mientras que se espera que la población de personas de 65 años o más duplique aproximadamente el número actual. Esto quiere decir que el 18 por ciento de la población total, casi dos de cada 10 personas, serán personas mayores.

En los Estados Unidos, 46 millones de personas, 14,5 por ciento de la población total, tenían 65 años o más en el 2014. Se proyecta que esta cifra aumente a 22 por ciento para el 2.050, con la población de mayores de 65 años del país llegando a aproximadamente 100 millones para el 2.060. El envejecimiento de la sociedad será especialmente prominente en los países desarrollados en Asia. Para el 2.050, se espera que la población de más de 65 años alcance un 36 por ciento en Corea del Sur, superada únicamente por el 40 por ciento de Japón. Esto quiere decir que alrededor de cuatro de cada diez personas serán personas mayores, un desarrollo verdaderamente extraordinario.

Actualmente la expectativa de vida promedio en Estados Unidos es setenta y nueve años. Para ver las estadísticas de otra forma - aunque algunas personas mueren antes de esa edad - gran parte de los seres humanos vive más tiempo que ese promedio. Mira a tu alrededor. Solemos ver con frecuencia personas que superan los 80 o inclusive 90 años, ¿no es así? El problema es que las percepciones generales y actitudes en relación con la vejez siguen igual que cuando la expectativa de vida promedio era de sesenta años.

Cuando tengas 80 años, ¿cuáles serán las tareas que conformen tus actividades diarias? ¿Qué harás durante los días de semana o los fines de semana? ¿En qué actividades te interesarás y te enfocarás? ¿Vivirás con un sentimiento de logros y alegría? ¿O tendrás una vida pasiva, cada día una repetición del día anterior, conforme observas impotente el pasar del tiempo? ¿Puedes responder a estas preguntas?

Muy pocas personas tienen metas o actividades planificadas para sus vidas después de los 70 u 80 años, más allá de simplemente seguir vivos. Como resultado, muchos están ingresando en la era de la longevidad sin una preparación mental, y se enfrentarán al reto de 20 o 40 años de inactividad. Este es un problema que trasciende el nivel individual, es un problema nacional y, además, es un asunto global. Esta es una situación sin precedentes históricos: 20 o 40 por ciento de la población total tiene de 20 a 40 años de tiempo ocioso en sus manos.

El impacto de cómo gestionamos nuestro tiempo durante la vejez, por lo tanto, es enorme. Si terminamos nuestras vidas de forma inactiva, sin producir y siendo dependientes, representaremos una gran carga para la sociedad. Pero si somos capaces de alcanzar vidas llenas de satisfacción y recompensas, y de compartir una sabiduría valiosa y perspectivas amplias, podemos hacer contribuciones positivas que transmitan la esencia de nuestra cultura a la próxima generación. Podemos encontrar formas de resolver incluso nuestros problemas económicos al dar a estas actividades un valor social.

Al pensar de forma creativa, encontrar respuestas y preparar las soluciones juntos, abriremos las posibilidades de crear una cultura nueva, madura y armoniosa que combine la pasión y la voluntad de la juventud con la sabiduría y la amplitud mental de la vejez. La vida en las últimas etapas es un problema existencial para muchas personas y una realidad a la que tendremos que enfrentarnos, por lo que reflexionar sobre este problema y buscar respuestas es una obligación.

Los primeros 60 años para el éxito

He pensado mucho sobre por qué las personas perciben la vejez como un tiempo de muy poco significado, una época en la que la vida va declinando y se desvanece lentamente. En el proceso, he reflexionado sobre todas las etapas del círculo de la vida, desde el nacimiento hasta la muerte. Como seres humanos, hay un camino que recorremos desde el momento en que nacemos hasta que morimos. Por esa razón, no podemos sino cuestionarnos sobre la naturaleza del verdadero camino que debemos recorrer como seres humanos.

Incluso en este momento, ahora, cada uno está recorriendo su propio camino de vida. Los detalles de esos caminos pueden ser diferentes, pero las rutas generales son similares. Nacemos, crecemos, aprendemos, conseguimos trabajos, tenemos familias y vivimos hasta que envejecemos y morimos. Digamos que el tiempo hasta los sesenta años es la primera mitad de la vida y el tiempo después de los sesenta años es la segunda mitad de la vida.

Los caminos que transitamos y los destinos en la primera mitad de nuestras vidas han estado establecidos firmemente. En resumen, se tratan del éxito. Cada uno de nosotros está avanzando hacia la clara meta del éxito. Este es el paradigma que impregna la primera mitad de la vida. Por esta razón he llamado a la primera mitad el *período del éxito*.

Las personas se apresuran en el camino de la vida, chocando entre ellas, saltando hacia un lado o el otro, todas inmersas en el paradigma del éxito. Imagina un camino de éxito en el que incontables multitudes caminan, todas apelotonadas. No tienen tiempo de pensar quién creó el camino, ni tampoco les importa. Tienen que hacerse una vida, o para decirlo simplemente, tienen que hacerse una vida que les permita sentirse mejor que otras personas, por lo que se apresuran sin pensarlo demasiado por ese camino.

El camino es ahora una amplia autopista porque incontables personas la han recorrido durante la larga historia de la humanidad. Las personas no piensan dos veces por qué deben recorrer este camino o si algún otro camino podría estar disponible. El camino simplemente está ahí, y debido a que otras personas lo están recorriendo, se apuran entre la multitud sin pensarlo demasiado. Están ocupados persiguiendo a aquellos que tienen delante para no quedarse atrás en la competencia.

El paradigma del éxito comienza a implantarse en nuestros cerebros, de forma consciente o inconsciente, cuando somos muy jóvenes. Se nos taladra un mensaje en la escuela, en el trabajo e incluso en la casa: "la vida es un campo de batalla, por lo que tienes que luchar. Y cuando luchas, ganas". Perder significa fracasar, por lo que buscamos incesantemente ganar. Vamos y venimos del cielo al infierno varias veces cada día, dependiendo de si perdemos o ganamos. Cuando ganamos, nuestro valor existencial se siente mayor, pero cuando perdemos, es como si nuestro valor de existencia se desvaneciera instantáneamente. Nuestra inmersión en la competencia y el éxito se calienta incluso más conforme obtenemos trabajos, ganamos dinero, creamos familias y criamos a nuestros hijos.

Durante esta época, obtenemos lo que queremos a través del trabajo duro mientras contribuimos al crecimiento y desarrollo de la sociedad. Creamos una carrera y una posición social firme para nosotros mismos. Dedicamos nuestras vidas a la producción de resultados a través de nuestras profesiones, organizaciones y deberes. Este período de éxito es un tiempo de acumulación de logros, experiencias y conocimientos.

A pesar de lo que ganamos durante este período de éxito, nos mantiene atrapados en el paradigma de la competencia. Cuando alguien gana, alguien pierde. Esto nos divide en una minoría de ganadores y una mayoría de personas que se consideran perdedoras. En una estructura competitiva en la que los más aptos sobreviven, mi éxito debe ir en detrimento del de los demás, aunque no sea de forma intencional, y el éxito de los demás me incomoda. Es por esto que no hay una verdadera paz en el paradigma del éxito.

Cuando ingresamos en los 40 o 50 años, muchos nos cuestionamos el paradigma del éxito en el que nos ha forzado la sociedad y que hemos internalizado. Algunos han escalado a la parte más alta de la escalera de la competencia, ganando todo lo que querían –dinero, prestigio, poder–, pero después pensamos "¿esto es todo?". Se sienten infelices inclusive cuando están muy bien. De alguna forma se sienten vacíos, sin un sentido real de la satisfacción. Incluso ganando más dinero de lo que alguna vez esperaron ganar y pasando las vacaciones en familia en lujosas villas, muchas personas no pueden sacudirse la sensación de vacío. Aquellas personas que se preguntan seriamente por qué, terminan reflexionando naturalmente sobre sus vidas.

Para muchos, los segundos sesenta años de su vida comienzan con la jubilación. Las cosas a las que una vez asignaron un significado y les dedicaban tiempo o energía ahora han cambiado. El ingreso del trabajo, las tareas que le solían dar un ritmo regular a nuestras vidas, el intenso sentido de logro experimentado a través del trabajo, el estatus social que nos permitía supervisar a otras personas conforme llevamos a cabo nuestros proyectos y las relaciones personales en el trabajo que se sentían como en la familia, con sus lazos y resentimientos; un día, todas estas cosas desaparecen.

Eras ingeniero, profesor, empresario, enfermero. ¿Qué eres ahora que no haces ese trabajo? ¿Qué te hace la persona que eres? Cuando el éxito social deja de ser la meta que nos motiva y estimula, ¿qué podemos hacer para que nuestras vidas tengan un valor y significado? Conforme vives el resto de tu vida, ¿qué puedes hacer y qué metas puedes tener? Estas son las preguntas que nos apremian.

El paradigma de la segunda vida

La primera mitad de la vida tiene una meta clara: el éxito. Por eso la mayoría de las personas sienten que no tienen que preocuparse por otras cosas y, de todas formas, no hay tiempo para ello. Todo lo que tienen que hacer es seguir el camino que tienen delante en el sistema social para su familia, escuela y trabajo. Sin embargo, los problemas vienen después de la jubilación. La meta del éxito, a la que habían dedicado su energía durante esa primera mitad, está ausente en la segunda. No hay un paradigma evidente que defina la segunda mitad de la vida. El camino que recorre la humanidad en la primera mitad de la vida está claro, pero está definido únicamente hasta la jubilación. Después de ese momento, no hay ningún camino amplio que todo el mundo pueda seguir. Por lo que las personas que se encuentran enfrentadas a un nuevo ambiente de jubilación se encuentran perdidas en cuanto a cómo deberían vivir y para qué. Actualmente, la vida después de la jubilación depende de cada uno de nosotros.

Esto no representaba un problema importante cuando la expectativa de vida promedio para el ser humano era de 60 o 70 años. Sin embargo, si entre 20 y 40 por ciento de la población dedica su vida al ocio durante 20 o 40 años, sin metas o actividades significativas, sería una pérdida tanto para ellos como para la sociedad en general. Creo que necesitamos con urgencia un paradigma que represente la segunda mitad de la vida para resolver este problema. Necesitamos tener algo que diga "si has vivido para el éxito durante la primera mitad de la vida, entonces vive para algo más durante la segunda mitad".

El problema es que este camino aún no ha sido implementado. El camino de la vida se ha creado únicamente para la primera mitad, dejando la segunda mitad en un territorio salvaje y sin caminos. Únicamente una pequeña minoría crea un camino dentro de estas planicies vacías. La mayoría hace muy poco con la segunda mitad de sus vidas porque no se les ha enseñado ninguna forma evidente de continuar su camino hacia adelante. ¿Cuál debe ser el paradigma para la segunda mitad de la vida?

Me gustaría sugerir la *plenitud* como el valor que deberíamos buscar en la segunda mitad de nuestras vidas. La plenitud se refiere a descubrir todo y a un sentido de completar o culminar. ¿Qué es lo que vas a completar? Tú mismo, tu vida.

Pienso que las personas nacen buscando la plenitud. Por ejemplo, todos buscamos conectarnos con los demás a través de nuestras relaciones, lo que representa una forma de completarse uno mismo a través de un sentido de pertenencia. Además, las personas buscan mejorarse a sí mismas a través de la educación y los avances sociales, lo que también es una forma de plenitud. También buscan la plenitud a través de un sentido de la espiritualidad para tener un sentido de unidad con lo divino o con la Fuente del cosmos.

Todos nos preguntamos en algún punto de nuestras vidas, "¿quién soy?". Esta pregunta surge conforme buscamos aprender el propósito y significado de la vida y porque deseamos encontrar la Fuente de la existencia. Los humanos son los únicos animales que se preguntan "¿quién soy?". Y buscamos la plenitud que trasciende al éxito en algún punto de nuestra vida porque somos seres para los que esto es inevitable. Nuestros cerebros están programados para buscar el verdadero significado de la vida y alcanzar la plenitud. Pienso que esa es la verdadera naturaleza de la humanidad.

La plenitud no se trata del mundo físico, ni de nada externo. Se trata de la palabra consciencia, una experiencia que nos permite sentir lo que está sucediendo dentro de nosotros. Es un sentido de totalidad que llena nuestros corazones, como el orgullo, la satisfacción, el sentido del ser y la paz. La plenitud culmina en el último momento de la vida cuando damos nuestro último aliento. Una vida de plenitud es una que nos permita en el momento de nuestra muerte mirar hacia atrás y sentir satisfacción y logro, así como cerrar nuestros ojos en paz y felicidad. "Ya no tengo arrepentimientos o resentimientos; he vivido una vida llena de significado y estoy orgulloso de mí mismo". Solamente tú puedes saber si sientes que tu vida está plena. Nadie más puede juzgar o evaluar esto. El grado en que tu vida ha alcanzado su plenitud está determinado únicamente por la satisfacción y sentimientos de tu propio corazón.

Durante tus últimos momentos, si contemplas tu vida y piensas: "tengo arrepentimientos. No viví de la forma en que realmente quería", no podrás sentir la plenitud en tu vida.

De acuerdo con un libro escrito por la enfermera australiana de cuidados paliativos, Bronnie Ware, "Los principales cinco arrepentimientos al morir", el arrepentimiento más común al que se enfrentan las personas que están por morir es: "he debido tener la valentía de vivir una vida que verdaderamente me representara, no hacer lo que los demás esperaban de mí". Estos son algunos de los arrepentimientos expresados por personas a punto de fallecer: "debí haber tenido la valentía de expresar mis sentimientos", "debí haberme mantenido en contacto con mis amigos", y "debí haberme hecho más feliz".

Queremos vivir la vida que realmente deseamos, queremos ser más felices, expresar lo que sentimos y conectarnos con las personas en lugar de mantenernos inmersos en el trabajo todo el tiempo. La clave para vivir una vida de plenitud es vivir la vida que deseas realmente, en la que no te arrepientas cuando llegue tu momento de morir. Por lo que, para vivir a plenitud, debes haberte preguntado incesantemente qué tipo de vida deseas vivir.

¿Qué es lo que realmente quiero? Me he hecho esta pregunta desde mi infancia, pero nunca encontré una respuesta satisfactoria hasta que cumplí treinta años. Podía haber vivido sin saberlo, pero no era feliz. En el exterior, estaba viviendo una vida bastante normal, pero por dentro me sentía como un cascarón vacío y sentía que no podía seguir viviendo esta vida. Pensé que no podía continuar ignorando las respuestas a las preguntas fundamentales de la existencia y tenía que hurgar profundamente en el fondo de estos temas para encontrar las respuestas.

Cuando decidí de corazón hacer eso, me acerqué al Monte Moak, cerca de Jeonju, en Corea del Sur. Comencé una práctica ascética de 21 días sin comer o dormir, enfocándome únicamente en las preguntas más fundamentales, las que me hacía una y otra vez. ¿Quién soy y qué quiero? Después de encontrar las respuestas a estas preguntas, realmente pude comenzar a vivir.

Durante los últimos 37 años, le he hecho estas preguntas a incontables personas: "¿qué es lo que realmente deseas?". Las respuestas han sido muy diferentes. Algunos desean comenzar grandes negocios y otros quieren ayudar a aquellos con menos poder o privilegios. Al mismo tiempo, otros solamente quieren llevar vidas simples y cómodas, tan libres de conflictos como sea posible. Pero cuando indagamos más profundo, encontramos que hay un hilo común que une a todas estas respuestas.

Lo que las personas realmente desean no es dinero, vehículos atractivos, ropa costosa o grandes viviendas. No son valores materiales, como alcanzar un buen estatus social o de riquezas. Lo que desean es la sensación de poder vivir de forma libre e independiente, el sentimiento de amar y ser amado, el sentimiento de que sus vidas son preciadas y valiosas, el sentimiento de que están contribuyendo con algo mayor que ellos mismos. En resumen, las personas desean, más que cualquier otra cosa, la satisfacción interna que viene de hacer realidad sus valores más preciados.

Encontrar tu yo verdadero

Las vidas que nos representen verdaderamente, estas son las vidas que deseamos. Para vivir una vida que te represente realmente, debes descubrir quién eres. Debes descubrir tu yo verdadero para que puedas decir: "este es quien soy yo realmente". Esta es la primera tarea necesaria para cambiar una vida orientada al éxito a una orientada a la plenitud.

Lo que nos da esperanza es que la segunda mitad de la vida, más que cualquier otra época, es óptima para encontrar y desarrollar este ser. Nuestras vidas están tan ocupadas durante el período de éxito que, para sobrevivir a la competencia, no tenemos tiempo de levantar nuestras narices y mirar alrededor. No es fácil sentarse, relajarse y explorar profundamente las preguntas de quiénes somos y qué queremos. Hemos estado ocupados todos los días viviendo como el hijo o la hija de alguien, la madre o el padre de alguien, el compañero o la compañera de alguien, o como dice el título escrito en nuestras tarjetas de negocios. Conforme nuestras responsabilidades sociales y familiares disminuyen en la segunda mitad de nuestra vida, estas etiquetas comienzan a desvanecerse y finalmente tenemos la oportunidad de vivir simplemente como nosotros mismos.

No debemos sentirnos afligidos porque las etiquetas que solíamos utilizar para definirnos se están disipando. En lugar de esto, debemos abrirnos a las posibilidades que nos traen esos cambios. Ya no estaremos bajo evaluación por la cantidad de dinero que ganamos, los títulos que tenemos o los campos profesionales en los que nos desempeñamos. Nadie nos está gritando, diciéndonos qué hacer, cómo hacerlo, o cuándo tenerlo listo. Por supuesto, tenemos responsabilidades como las personas mayores en nuestras sociedades y familias, pero incuestionablemente somos más libres y tenemos menos restricciones que antes. Ahora podemos vivir como lo que realmente queremos ser, llenando nuestras vidas con lo que queremos y ajustando el ritmo nosotros mismos. ¡Qué gran bendición!

¿Cuál es el yo verdadero que nos conducirá a una vida plena? Nuestro valor real no se encuentra en las cosas externas que cambian constantemente, ya que las mismas siempre se rompen. El dinero y la fama pueden estar ahí un día y desaparecer al día siguiente. El cuerpo envejece y se hace más frágil con el tiempo, hasta llegar a su final. Dentro de nosotros se encuentra un ser que puede observar indiferente nuestros cuerpos deteriorarse en los últimos días. Mi verdadero yo no es mi nombre, mi cuerpo, mis pensamientos. No es mi conocimiento o experiencia, ni tampoco las cosas que tengo. No son mis éxitos o fracasos. Debemos dejar atrás todos estos valores externos y artificiales para buscar el verdadero yo. Yo lo llamo alma. Puedes llamarlo por un nombre diferente, que se adapte a tus antecedentes culturales o sistema de creencias. El verdadero yo, el yo auténtico, el yo esencial, cualquier cosa está bien.

El alma no es simplemente un concepto teórico, es energía y emociones. El alma es la energía de nuestros corazones. ¿Alguna vez has sentido la soledad de tu existencia o la sed de la esencia de tu ser? Estos son mensajes que nos envían cuando la energía del alma busca ser despertada. Cuando esta energía es activada, la sentimos como el amor puro, empatía y compasión. La energía del alma, esa emoción, es la esencia de tu ser. No sabemos cuándo o cómo la energía del alma ha venido a residir con nosotros, pero esta energía claramente existe en los corazones de todos. La única diferencia es que está dormida en algunas personas y activa en otras. Aunque no podemos llevarnos todo lo que hemos obtenido en el mundo con nosotros tras nuestra muerte, esto es algo que nos podemos llevar: nuestras almas. Tu alma es la esencia de tu ser, es lo único que siempre tienes contigo, que trasciende inclusive a la muerte. Tu alma es el verdadero ser que estás buscando.

Cada uno de nosotros debe encontrar y conocer a ese ser. Deberíamos ser capaces de gritar con orgullo y alegría "¡Yo soy yo!". Debemos proclamar que sentimos en nuestros corazones un ser puro que existe sin importar los sentimientos, emociones o experiencias negativas, que hemos descubierto al ser eterno que nunca cambia a pesar de las circunstancias. También deberíamos decirle a nuestro verdadero yo que haremos todo lo que podamos por el resto de nuestras vidas para descubrir y completar sus deseos.

"¡Yo soy yo!". ¡Qué palabras tan alentadoras y confiadas! Vivo o muerto, ¡yo soy yo! Ese ser es el comienzo, final y centro de todos los valores que buscas. Todo tu cuerpo tiembla cuando encuentras a ese ser. ¿Cuántas horas hemos pasado angustiados, deambulando en su búsqueda? No hay una bendición mayor que el ser. Es el milagro de los milagros. Es un milagro mayor a la cura de una enfermedad o a ganar la lotería.

La salud y el dinero están aquí un momento y después desaparecen, tarde o temprano debemos dejarlas atrás cuando nos vayamos de este mundo. Pero tu verdadero yo, tu alma, es tu compañero eterno; siempre estará contigo. El evento más significativo y único que puedes experimentar en este mundo es encontrar tu verdadero yo. Es una maravilla que sacude al cielo y a la tierra.

Tu alma no se sentirá satisfecha con el dinero, poder, éxito o amor correspondido. En lugar de estar satisfecho por los asuntos mundanos, nos hace decir "¿eso es todo? ¿Y qué?", incluso cuando todo lo que hemos deseado está en nuestras manos. Ama a ese ser hasta que explote tu corazón. Ámalo hasta la muerte. Ámalo locamente. Graba en tu corazón que tu yo verdadero es el centro de tu vida al proclamar "¡Yo soy yo!".

Cuando contemplo mi vida, logro darme cuenta de que el motor impulsor detrás de todos mis sueños y mi visión era mi yo verdadero. Puedo comenzar a vivir para la plenitud porque encontré mi verdadero yo, que no puede ser cambiado por nada. Estoy seguro de que todas las personas tienen un yo verdadero, y que todas las personas tienen un sentido que les permite descubrir su verdadero ser. No es que estás trayendo al ser desde otro lugar; sino que siempre ha estado ahí para ti. Todo lo que tienes que hacer es develarlo.

Para encontrar tu yo verdadero, no tienes que tomar una prueba y no necesitas estar completo, además nadie puede encontrarlo por ti. No debes permitir a una autoridad externa, ni a nadie que no seas tú, determinar tu valor existencial y eterno. Ninguna escuela, país o religión pueden hacer esto por ti Tu valor es precioso no porque otras personas lo reconozcan de esa forma, sino porque crea y te da significado a ti mismo. Tu vida puede volver a comenzar con el descubrimiento de este ser.

Expandir a un ser superior

Si el autodescubrimiento es el primer proceso en una vida plena, el segundo paso es crecer y hacer realidad ese verdadero ser que has descubierto. La auto-realización es vivir la vida que realmente deseas.

¿Qué quiere tu verdadero ser? Crecimiento y plenitud. Tu verdadero yo, la energía de tu alma en tu corazón, quiere que crezcas y que vivas plenamente. La energía de un alma que ha sido descubierta es pura, pero sigue siendo delicada y débil. La forma de desarrollar esta energía es compartir aquella del amor con las personas que te rodean. Al hacer esto, permites que la energía del alma crezca y madure. Entonces, otro descubrimiento se aproxima: el conocimiento de que tu yo verdadero no está limitado por tu cuerpo, preconcepciones y personalidad – tu pequeño ser. En lugar de esto, es un ser superior conectado, en unidad con todas las cosas. Cuando te has despertado de tu ser pequeño en el nivel individual a un ser superior en el nivel universal, tu conciencia se expandirá mucho más.

Hay una actitud que la mayoría de las personas tienen en común cuando maduran. Queremos tener vidas que contribuyan con otras personas y con el mundo, en lugar de vidas que busquen beneficios únicamente individuales. Sentimos orgullo y satisfacción cuando creemos que hemos contribuido incluso un poco a la salud, felicidad o paz de otras personas. Sentimos esto porque es la forma en que estamos hechos.

En la segunda mitad de una vida dirigida a la plenitud, podemos florecer completamente y desarrollarnos expresando la bondad de nuestros corazones. Si la primera mitad de nuestra vida fue para aprender, poseer y acumular, entonces la segunda mitad debe ser para compartir y dar. No es verdad que solamente podamos ayudar a los demás si tenemos mucho dinero.

Las personas que ingresan en la segunda mitad de sus vidas tienen diversos conocimientos, experiencias vitales y habilidades que han desarrollado durante un largo período. Gozan de tiempo libre, tolerancia y benevolencia también. Sin importar lo que tengas para dar, simplemente tienes que compartirlo con otras personas de acuerdo con lo que diga tu corazón, hasta donde tus condiciones personales lo permitan. Las experiencias de vida y sabidurías no deben ser solamente tuyas; deben expandirse tan ampliamente como sea posible para ayudar a los demás. Comparte tu vida y deja algo para las personas y comunidades que te han ayudado a convertirse en quien eres hoy.

Sentimos la más grande satisfacción interna cuando damos en lugar de recibir. La influencia que tenemos en este mundo está determinada por lo que podemos dar, no lo que podemos recibir.

Aprieta los puños y respira profundamente, tan profundamente como puedas. Continúa inhalando en ese estado. Va a ser muy difícil. Ahora relaja tus puños y exhala. Te sentirás más cómodo. El período de éxito es la época para adquirir y acumular. Si la comparamos con nuestros cuerpos, es como sujetarnos las manos con los puños apretados e inhalar tanto como podamos. Pero nadie puede continuar siempre en este estado, por eso tenemos que relajar nuestras manos y exhalar. Esta es la actitud hacia la vida en el período de la plenitud. Durante el período de la plenitud, debemos compartir y dar a los demás lo que hemos obtenido y recibido durante el período de éxito. Únicamente haciendo esto completaremos el ciclo de nuestra vida.

Si incluso a los 70 u 80 años quieres vivir como vivías durante el período de éxito, apegado únicamente a acumular valor externo, no podrás recibir los regalos que se te ofrecerán durante la época de plenitud. No habrá espacio en ti para los valores como la compasión, libertad, tolerancia, composición, armonía y paz. Tu oportunidad para experimentar el significado verdadero y la sabiduría escondida en tu vida se desvanecerá. NO repitas la vida que viviste durante tu época de éxito, cuando te preocupabas incesantemente sobre cómo tener más que los demás, o cómo verte bien para las demás personas. Si continúas aferrándote a cosas como lo hacías durante el período de éxito y no practicas vaciarte, el momento de tu muerte será terrorífico y muy infeliz. Las personas que terminan sus vidas de esa forma nunca alcanzan la plenitud.

La principal diferencia entre el éxito y la plenitud es que la competencia no es necesaria para alcanzar la plenitud. Las personas exitosas compiten y luchan inevitablemente para adquirir más porque competir hace que sus porciones sean más pequeñas; el valor material de los actos de compartir está limitado. El valor interno de la plenitud, sin embargo, es infinito, por lo que tu porción no será más pequeña cuando compartas lo que tienes.

Alcanzar la plenitud no reduce las oportunidades para que otros alcancen su plenitud. No te vuelves menos pacífico cuando compartes tu paz con los demás. De hecho, tu paz aumenta y se hace más profunda. El éxito es una carrera para ver quién es el primero en cruzar la meta, pero la plenitud es como una carrera en la que hay una copa de premio para cada corredor.

Para aquellos que ya estamos en la época de plenitud, el mundo ya no es un campo de batalla en el que tenemos que luchar para sobrevivir; en lugar de eso, es un campo completamente honesto en el que recogemos los frutos de nuestras cosechas. En este campo, no necesitamos competir con otros, debemos compartir nuestros trabajos y ayudarnos con nuestras cosechas.

Al haber nacido como seres humanos, ahora nos enfrentamos al momento de culminar nuestro camino en la vida. En el círculo de la vida humana que nuestra especie ha creado hasta ahora, el camino del éxito ha sido el único disponible. Ha sido un círculo incompleto, que nos conduce a la mitad de nuestra vida. Ahora necesitamos preparar un camino para el resto del tiempo que nos queda. Nuestras vidas finalmente estarán completas cuando andemos por el camino de la plenitud. Y si esta cultura de envejecimiento es compartida de forma que caminemos la ruta de la plenitud, el futuro de la sociedad y de la raza humana inevitablemente cambiará para mejor.

Este nuevo camino para completarnos y para la plenitud de nuestra vida puede cambiarnos a ti y a mí. Pienso que este es verdaderamente un camino que nosotros, como humanos, debemos transitar.

"

Una vida de plenitud es
una que nos permita en
el momento de nuestra
muerte mirar hacia atrás y
sentir satisfacción y logro,
así como cerrar nuestros ojos en
paz y felicidad".

CAPÍTULO 3

¿Cómo alcanzamos la plenitud?

Existe un hito importante que necesitamos considerar en nuestro camino hacia la plenitud, en conjunto con el camino de una nueva vida. Ese hito es la muerte. ¿Cómo me sentiré acerca de mi vida cuando llegue la muerte? ¿Estaré en paz, inmerso en un sentimiento de plenitud? ¿O estaré ansioso y con remordimientos? Los sentimientos que tenemos en ese momento pueden verse como un resumen de nuestras vidas. No obstante, el propósito de pensar en la muerte no implica adentrarnos en sentimientos negativos. En lugar de ello, debemos hacer que nuestra vida presente sea más significativa y enriquecedora. La muerte establece un estándar para nosotros, además de motivarnos a vivir mejores vidas.

Las preocupaciones más fundamentales de la edad adulta, aquellas que nos persiguen hasta el momento final de nuestras vidas, están relacionadas con la muerte. Todo el mundo piensa en ella de vez en cuando. Además, en la mente de las personas mayores la muerte es algo palpable, un tema inmediato, y no una abstracción sobre lo que sucederá en un futuro distante. Cuando eres joven puedes ir hacia la derecha o hacia la izquierda, tomar caminos de viaje que son suaves o complicados; tienes la libertad de elegir. Sin embargo, cuando te enfrentas a una muerte inminente se siente como si hubieras entrado en un callejón sin salida sin tener forma de dar la vuelta. Así te das cuenta de que al final del camino te está esperando un destino irrevocable, más allá de tu capacidad de elegir.

La muerte en un nivel físico es experimentada por todos de la misma forma: la respiración se corta, el corazón deja de latir y la actividad cerebral se detiene. Aunque no todas las muertes son iguales. De acuerdo con doctores y enfermeras que han visto a muchos pacientes fallecer, la forma en la que mueren las personas se relaciona fuertemente a cómo han vivido sus vidas. Aquellos que tienen arrepentimientos porque fallaron a la hora de ser fieles a aquello que querían, generalmente la pasan peor al fallecer. Al enfrentar la muerte puede que no estén en capacidad de controlar los movimientos del cuerpo, o que tengan mayor rigidez, dolor, y respiración irregular.

En cambio, las personas que piensan que han vivido las vidas que querían sin remordimientos, personas que afirman que sus vidas han sido buenas y que no podrían haberlas vivido de otra forma, se encuentran más cómodos con la muerte. Ellos tienen mayor probabilidad de cerrar sus ojos en paz. Sus cuerpos se relajan, y aparece una sonrisa de satisfacción en sus rostros. El tipo de muerte que te tocará dependerá de si estás o no satisfecho con el camino que has seleccionado.

La muerte para completar la vida

¿Cómo serían los humanos si la muerte no existiera? Si pudiéramos vivir eternamente sin morir, ¿seríamos felices? Piensa en ello. Si repitieras el tipo de días que estás viviendo ahora, día tras día por miles de años, ¿cómo te sentirías? Probablemente no sea tan genial. Deberás continuar tus esfuerzos para encontrar comida y refugio, alimentar y vestir tu cuerpo y también para descansar. El sufrimiento diario de competir para sobrevivir te cansará. Una vida sin final de este tipo puede ser tan aburrida y dolorosa que querrás morir lo más pronto posible. Y la monotonía de vivir para siempre también podría hacerte perder el interés en alcanzar el desarrollo personal y la espiritualidad.

La muerte es un hecho, y una increíble bendición para nuestro despertar espiritual. Debido a que sabemos que el tiempo que nos han otorgado no dura para siempre, tratamos de utilizarlo bien, sin malgastarlo. No sabemos qué fenómeno especial o qué otro mundo nos espera del otro lado –la muerte, después de todo, es algo desconocido sobre lo que nadie puede decir nada con certeza–, por esa incertidumbre tratamos de vivir bien. En otras palabras, perseguimos la plenitud y la eternidad porque somos seres finitos. No tendríamos ninguna razón para interesarnos en completar cosas si fuésemos seres infinitos, inmortales desde el primer momento. Sentimos un empuje instintivo hacia la plenitud y la eternidad, trascendiendo tales limitaciones, porque somos seres incompletos y agotables. Es por ello que sentimos que la muerte es un diseño mayor del Creador, preparada para completar la vida humana.

En la cultura coreana existen muchas palabras que expresan diferentes tipos de muerte. Se dice que las personas que mueren después de vivir haciendo daño a los demás sufren de una *dwejida* (similar a graznido). Esta es la forma más baja de muerte.

La palabra contiene una mezcla de emociones negativas que expresan este tipo de sentimiento. Se refiere a que esa persona vivía como un animal. Está mejor muerto. La segunda expresión es *jukda*, que significa una muerte ordinaria y no se relaciona a ninguna emoción en particular. La tercera expresión es *dora-gashida*, que significa que el fallecido regresó del lugar original del que vino. Esta expresión es usada cuando se completa el luto de parientes o ancianos. Las cuartas son las expresiones *seogeo* y *bungeo,* que se refieren a la muerte de alguien que vivió en un nivel que sirvió para el bien nacional o público, trascendiendo el interés familiar o personal. El siguiente nivel es *Chunhwa,* la muerte de alguien que vivió una vida de plenitud según el Sundo Coreano.

Aprendí del Sundo Coreano a ver la muerte como la realización de la vida, no como su final. En el Sundo, Chunhwa es la muerte más hermosa y pacífica que los humanos pueden experimentar. Al traducirse literalmente, *chun* significa Cielo, y *hwa* convertirse, por lo que Chunhwa significa convertirse en Cielo o transformación celestial. El Cielo acá significa tanto la Fuente de la vida como la naturaleza celestial que es parte de nosotros – en otras palabras: plenitud. Chunhwa apunta al gran ciclo de realizarnos realmente en nuestro ser interior mediante el viaje de nuestras vidas en este mundo, para luego regresar a la Fuente de la vida.

Cuando describo el concepto de Chunhwa, generalmente uso una ilustración de la historia de la transformación de una oruga. Una oruga crece y pasa su día comiendo hojas y casi ninguna otra cosa. Hace esto hasta que, en cierto punto, deja de comer y comienza a fabricar seda fuera de su cuerpo para hacer un capullo. Después de un largo período de paciencia y transformación, la oruga extiende sus alas y se eleva por los cielos como una hermosa mariposa. No importa cuánto observes una oruga escalando una rama, siempre es complicado imaginarse que eso pueda cambiar hacia una mariposa alada. Pero escondidos en el interior de esa oruga están todos los elementos que le permiten transformarse en una mariposa. Este es el misterio de la vida, el principio de la naturaleza no es algo que pueda ser fabricado artificialmente. Una oruga creando un capullo y preparándose para la siguiente etapa de su vida como mariposa es algo que está en concordancia con los principios de la naturaleza.

Todas las orugas tienen los genes que les permiten completar esta transformación. En relación a esto, en el Sundo se cree que los humanos tienen una semilla que les permitirá alcanzar la realización. Dicha semilla es plenitud en el alma. El humano es un ser con alma al igual que cuerpo, esa es la razón que fundamenta el alcance de la realización. La vida física finaliza con la muerte sin importar cuánto esfuerzo se invierta preservándola, por eso no existe la realización para el cuerpo. Solo a través del alma podemos transcender a nuestras vidas físicas y finitas, para luego aproximarnos a la infinidad y la eternidad.

Si quieres trascender al éxito y perseguir el valor de la realización, si quieres verdadera paz mental para el momento de tu muerte, entonces pregúntate a ti mismo lo siguiente: ¿Debo vivir una vida centrada en el cuerpo o centrada en el alma? Por supuesto, debemos cuidar y satisfacer las necesidades de nuestro cuerpo al igual que nuestras almas —ese es nuestro destino– porque somos seres con cuerpos. Sin embargo, la clave está en saber cuál es tu centro, qué seguirás como la fuerza principal para guiar tu vida.

Un sistema de energía para la plenitud del alma

Según el Sundo el crecimiento y la realización del alma son las metas que los humanos deben perseguir, y nuestros cuerpos contienen un sistema perfecto para alcanzarlas. El núcleo de este sistema es la energía *ki*, llamada también *chi* o *prana*. El Ki es la energía de la vida que completa todas las cosas. El sistema de energía ki del cuerpo humano es la mejor tecnología de la especie. Es un increíble microcosmos del universo contenido en el cuerpo para el bienestar de la humanidad.

En el Sundo el centro del lugar en el que está contenida la energía ki se llama *dahnjon* (campo de energía). Este concepto es similar al chacra de las tradiciones hindúes del yoga. Nuestros cuerpos generalmente tienen tres puntos dahnjon: el dahnjon bajo en la parte baja del estómago, el dahnjon del medio en la parte media del pecho, y el dahnjon superior en el cerebro. Estos tres centros de energía tienen sus propios nombres y cualidades únicas. La energía en el dahnjon bajo se llama energía *jung* y controla el poder físico. La energía del dahnjon medio se llama energía *ki* y controla el poder del corazón. La energía del dahnjon superior se llama energía *shin* y controla el poder mental. Las cualidades de estas tres energías no están escritas en piedra; ellas cambian fácilmente de acuerdo con nuestros pensamientos, sentimientos, consciencia y alrededores, y siempre pueden ser potenciadas mediante nuestro esfuerzo. El punto principal de la práctica Sundo es reforzar cada centro de energía y elevar su nivel.

Estas son expresiones coreanas que describen un estado en el que estos tres tipos de energía dahnjon se pueden elevar hacia un nivel natural. *Jungchoong* indica que mientras más repleto de energía jung esté el dahnjon bajo, mejor será el estado de la persona; *Kijang* indica que mientras más madura y reforzada esté la energía ki en el dahnjon medio, mejor será el estado de la persona; y *Shinmyung* indica que mientras más brillante sea la energía en el dahnjon superior, mejor será el estado de la persona.

Experimentar la energía ki con nuestros sentidos es esencial si queremos entender a fondo el sistema de energía del cuerpo humano. Esto también te ayudará a comprender el proceso del desarrollo de la energía. Puedes ver un video con un ejercicio para aprender a sentir energía en Live120YearsBook.com.

Jungchoong, Kijang, Shinmyung – Estas tres etapas en el desarrollo de energía son importantes para el cuerpo humano porque son pasos concretos para la realización del alma y para Chunhwa. La realización en el Sundo es un proceso específico de desarrollo y transformación de la energía del cuerpo humano. Una vez que el dahnjon bajo está lleno de energía vital, logra madurar y expandir la energía en el dahnjon medio. La energía madura del corazón se eleva hacia la cabeza, despertando e iluminando la energía divina del cerebro.

En el Sundo, la etapa final del desarrollo de energía –la energía del alma que conoce a la energía de la divinidad– se llama

Dahnjon Superior
Shinmyung
Energía divina iluminada

Dahnjon Medio
Kijang
Energía del corazón madura

Dahnjon Inferior
Jungchoong
Lleno de energía vital

TRES TESOROS DEL CUERPO, EL SISTEMA DAHNJON

unidad humana-divina. Esto significa que el alma en el corazón y la divinidad del cerebro (que puede ser llamada energía divina) se encuentran y se vuelven una sola. Las energías del alma y de la naturaleza divina se encuentran en el dahnjon superior del cerebro para volverse una sola, al igual que los espermatozoides y los óvulos se encuentran en el vientre de una madre para transformarse en feto. La energía del alma y la divinidad que se unieron en el dahnjon superior experimentan un nacimiento espiritual en el momento de la muerte de la misma forma que el feto experimenta el nacimiento físico luego de crecer en el vientre de la madre durante nueve meses. El alma realizada deja al cuerpo para unirse a una vida superior con la energía del cosmos; este es el fenómeno conocido como Chunhwa.

Lo importante en este momento es identificar si la energía de nuestras almas realizadas se va por alguna salida del cuerpo. En el Sundo, a esto se le llama La Gran Puerta del Cielo— la puerta para la comunión con el cielo. En la tradición de la cultura coreana no estaba permitido tocar al azar la coronilla de las cabezas o pasar junto a la cabeza de alguien que estuviera recostado. Como la parte más alta del cuerpo humano y la parte que está en contacto con el cielo, la coronilla es vista como un portal sagrado mediante el cual las personas reciben la energía del Cielo. No hay muchas personas que sepan que las almas realizadas se van desde la coronilla de las cabezas al momento de la muerte. Este es el secreto de Chunhwa. Si entendemos y desarrollamos este sistema de energía en nuestros cerebros y cuerpos diariamente, podemos abrir la coronilla de nuestras cabezas para conectarnos con la energía del cosmos. Y luego, en el momento de la muerte, nuestras almas pueden volverse fácilmente una con la energía de la Fuente.

La unidad humana-divina es la naturaleza individual y espiritual que tenemos dentro para volvernos uno con la naturaleza espiritual y total del universo. Podemos llamar unidad humana-divina a lo que sucede cuando los individuos se sienten conectados con la plenitud y experimentan la naturaleza divina. Esto puede ser experimentado mediante meditación profunda, y también a través de momentos comunes de nuestra cotidianidad. Por ejemplo, momentos en los que sentimos energía vital en cantidades infinitas, que trascienden vida y muerte, también cuando sentimos gratitud, ya que seguimos los principios de esa energía vital, y sentimos satisfacción y compasión por nuestras almas al trascender nuestros intereses para compartir amor puro y condicional. También ocurre cuando experimentamos ser parte de la naturaleza en un solo ente – son todos instantes en los que encontramos divinidad, y en los que estamos un paso más cerca de la realización.

¿Cómo podemos pasar mediante las etapas de Jungchoong, Kijang, y Shinmyung y crecer para completar la energía de nuestras almas? Una hoja de ruta presentada por el Sundo apunta al uso de tres tipos de estudio: el Estudio de los Principios, el Estudio de la Práctica y el Estudio de Vivir. Mi libro, *Viviendo el Tao: principios atemporales para la iluminación diaria,* cubre todo esto en detalle. A continuación, encontrarás una corta explicación.

El Estudio de los Principios se trata de abrir los ojos de la sabiduría en nuestro interior. Cuando nuestros ojos espirituales están abiertos somos capaces de ver principios ocultos de la vida y la naturaleza. Luego sucede el alumbramiento de forma automática. Tal alumbramiento no debe permanecer en nuestra mente como una realización única. Este despertar hacia la verdad debe descender hacia el cuerpo. Y el Estudio de la Práctica es lo que lo hace posible.

Nuestros cuerpos son herramientas para Estudiar la Práctica, y no simplemente trozos de piel que contienen deseos. Son recipientes preciosos que contienen nuestras almas. Sin el cuerpo difícilmente podríamos encontrar y cultivar el alma. Probablemente hayas experimentado que tu mente es una maraña de pensamientos, por lo que te sientes refrescado y ligero luego de mover tu cuerpo al caminar o hacer algún otro ejercicio. Al entrenar tu cuerpo puedes limpiar y potenciar tu energía física y mental. En pocas palabras, el Estudio de la Práctica es un entrenamiento para cultivar la energía de tu cuerpo y mente con miras a cultivar el alma.

El Estudio de Vivir habla sobre desarrollar la energía del alma mediante acciones diarias. Usar y compartir la energía de tu alma te permitirá trabajar en tus relaciones con otras personas. Si el Estudio de los Principios es como plantar una semilla de iluminación, entonces el Estudio de la Práctica es como hacer que la semilla crezca, y ese Estudio de la Vida son las flores dando frutos. Es decir, la verdadera iluminación no se alcanza solamente al sentarse un largo tiempo a meditar; debe ser alcanzada mediante la vida diaria. Cuando vives una vida de practicar, enseñar y compartir lo que has aprendido, entonces la energía de tu alma madura y la energía de tu naturaleza divina brilla con mayor fuerza.

Cuando el Estudio de los Principios, el Estudio de la Práctica y el Estudio de Vivir van interconectados como un sistema de rodaje, tienen la capacidad de actuar como un vehículo poderoso moviéndose hacia la plenitud de la vida. Mediante estos tres tipos de estudios el cuerpo se llena de vitalidad, el corazón de amor y el cerebro de sabiduría y creatividad. Seguidamente, creces como una persona completa con audacia y coraje, sin dejarte tambalear por los vientos y olas emocionales de tu vida. Estás lleno de amor y compasión, y buscas ayudar a otras personas de manera generosa y sin cálculos previos. Tienes amor verdadero por la humanidad y el mundo, y una fe sólida en la bondad del universo.

La vida como una obra de arte

Todo el mundo viene a la tierra hasta que, tarde o temprano, tiene que regresar al Cielo. Si conoces solamente la tierra y no el cielo, entonces no tendrás otro lugar al que ir que no sea la tierra. El cuerpo pertenece a la tierra, el alma pertenece al Cielo. Por ende, nuestros cuerpos regresan al suelo, y nuestras almas van al Cielo – pero no puedes regresar al Cielo a menos que lo conozcas. Solo hay muerte para el cuerpo si no hay realización. Por lo que tu visión de la vida cambia dependiendo de si esperas la muerte del cuerpo o la realización del alma.

El alma es la única cosa que podemos llevar con nosotros al morir, por lo que también es la única cosa en la que podemos confiar hasta el final. Otra palabra que podemos utilizar para el alma en "conciencia". Solo una persona puede evaluar tu conciencia: tú. Esta no puede ser juzgada por cualquier otra persona o bajo ningún estándar. Tú eres conciencia y Cielo. Hay un principio central de Chunhwa que indica que a la luz de tu conciencia debes estar en la capacidad de sentirte satisfecho, orgulloso y en paz acerca de la vida que has llevado. Eso depende de cuánto hayas permitido crecer a tu alma.

Hay un estándar para el crecimiento de la energía del alma: tu dahnjon superior, medio y bajo (las energías de tu cerebro, corazón y estómago) deben estar alineados y sentirse unificados. En otras palabras, tus pensamientos (cerebro), sentimientos (corazón) y acciones (instinto) no deben separarse; deben ser uno solo, y tú debes actuar con integridad. Sin importar cuánto medites, cuántas escrituras hayas leído y recitado, a menos de que actúes de la forma que indican tus creencias, el crecimiento de tu alma se verá limitado. Y sin importar cuántas buenas obras completes, el poder de tu alma no se desarrollará. La energía de tu alma se activa y crece cuando estás en un estado puro, cuando tus pensamientos, sentimientos y acciones son una sola cosa. No tiene nada que ver con ser reconocido por otros. Para tu alma es suficiente estar satisfecha con ella misma.

Al prepararte para la vida en la tercera edad es importante que sepas que puedes darle la bienvenida a este tiempo con el sueño de Chunhwa en lugar de solamente esperar a envejecer y morir. Aunque apunta a una muerte ideal, Chunhwa significa un proceso largo de vida centrado en buscar el crecimiento y la realización del alma. Nuestras vidas son un proceso para volvernos Cielo, un proceso de Chunhwa. Generalmente digo esto: "Chunhwa soy yo salvándome a mí mismo". Es acerca de salvarte a ti mismo, no colocar esa responsabilidad en otra persona o cualquier sistema externo. El gobierno no puede hacerlo por ti. Creer vagamente en algo no hará que suceda, y nadie más lo hará en tu lugar. Leer muchos libros o tener conocimientos tampoco te quitará la responsabilidad.

Lo que importa es elegir por ti mismo. Primero tienes que elegir salvarte en lugar de depender de algo externo. Se trata de tomar una decisión: "Alcanzaré el Chunhwa". Me salvaré a mí mismo". Y te darás cuenta de que no te falta nada. Tienes tu alma, que es la semilla para la plenitud en tu interior, y continuarás desarrollándola. Esa plenitud crece y crece hasta que, al final, alcances la realización de tu alma.

Para ponerlo en palabras sencillas, quiero llamar a esa

plenitud "mente divina". Todos tenemos una mente brillante, pura y noble que se parece al Cielo, una mente que puede aceptar y amar a todos. Nadie sabe qué sucede luego de que fallecemos. Aunque hay muchas inferencias y promesas acerca del más allá, nadie puede garantizar estas cosas, y no tenemos forma de verificar los resultados. La única cosa que podemos sentir directamente y saber con certeza es la mente sagrada y celestial que está en nosotros. Esa mente es la semilla de la plenitud. Continuar desarrollando esa mente hasta que finalmente se vuelve una sola con el Cielo –hasta que sea una sola con el cosmos– te dirige hacia la realización del alma, hacia el Chunhwa. Esto no significa creer ciegamente en algo, sino sentirlo y experimentarlo directamente mediante la energía de los fenómenos que ocurren en tu interior.

Vivir y morir sin conocer el Chunhwa es sumamente triste y desafortunado. A menos de que conozcas el Chunhwa, pensarás en tu muerte solamente en un nivel físico. ¿Qué tan ansioso o asustado estarías si entendieras a la muerte de esa forma? Dejar todo atrás y morir debe ser aterrador. Pero si sabes que hay una flor que retoña en la muerte, el nuevo nacimiento del Chunhwa, entonces esta significará esperanza y será una ocasión festiva, no se traducirá en tristeza o desesperación.

La muerte es un estado en el que nuestras almas pueden completarse. Algún día debemos pasar por el estado de la muerte, ya está preparado para nosotros. ¿Gatearás hacia ese estado, temblando de miedo, o caminarás hacia la luz con audacia y confianza? Aquellos que han completado la realización de sus almas pueden ser estrellas en el escenario de la muerte. Tomar este escenario audazmente – ese es el camino que marca el Chunhwa.

Cuando nuestros cuerpos están realmente agotados luego de haber hecho todo en este mundo, necesitamos una muerte hermosa y dignificante, la muerte más impresionante, y la misma es el Chunhwa. El Chunhwa es una puerta mediante la cual trascendemos los límites de la vida y la muerte para entrar en el mundo eterno. Una muerte de Chunhwa no es miedo o tristeza. Es alegría y felicidad. Nuestras vidas se vuelven obras de arte, no dolor, cuando conocemos la ley del Chunhwa. Todas las ansiedades mentales y conflictos que vienen de ser seres finitos se transforman en una oportunidad de crear arte mediante nuestras vidas, al mismo tiempo que progresamos hacia el crecimiento y la realización del alma.

¿Harás de tu vida algo doloroso o la transformarás en una obra de arte? Esta decisión depende solamente de ti. Únicamente tú puedes elevar tu verdadero valor y hacer que las decisiones de tu vida sean más preciosas. Aquellos que crean diariamente con la meta de completar sus almas son los verdaderos artistas de la vida.

Convirtámonos en ancianos iluminados

En el idioma coreano hay palabras que expresan etapas de la vida como si fueran procesos del crecimiento del alma. A una persona en el período de crecimiento se le llama *eorini* (niño), a una persona en el período del éxito se le llama *eoreun* (adulto), y a una persona en el período de la realización se le llama *eoreushin* (anciano). El denominador común es la palabra *eol*. El eol puede entenderse como alma o espíritu.

Un eol humano debe crecer si está próximo a madurar. De entre las palabras coreanas que expresan las etapas de la vida, la primera de ellas, eorini (niño) significa que el eol o alma de alguien todavía está pequeña e inmadura. Cuando tu alma es pequeña piensas y actúas dando prioridad a tu propio ego o emociones, sin considerar cuidadosamente a los demás. Por esa razón los niños pequeños juzgan y actúan de forma muy orientada a sí mismos. Lo que les gusta, lo que quieren tener, lo que quieren comer – todo ello viene antes.

Un niño crece y madura gradualmente hasta convertirse en adulto. Eoreun (adulto) se refiere a alguien cuya alma ha crecido. Los adultos son personas cuyas almas han madurado, permitiéndoles tomar responsabilidad por sus propias acciones y aceptar a los que le rodean. Mientras más haya crecido tu alma a través del período del éxito, tendrás mayores probabilidades de ser exitoso. Cuando miramos a nuestro alrededor encontramos a muchas personas que no se comportan de forma coherente con su edad, que no actúan como adultos incluso cuando son mayores. Al igual que los niños, estos actúan dándose prioridad a sí mismos y sin considerar a las personas que les rodean. Esto es porque sus almas aún no han madurado.

A un adulto que ha entrado a en la vejez se le llama eoreushin (anciano). Eoreushin se refiere a alguien cuyo espíritu (eol) es como un dios (shin), alguien que tiene una sabiduría brillante. Si los niños en su período de crecimiento están en la fase de Jungchoong, en la cual están tratando de construir su poder físico, entonces los adultos en su período de éxito están en la fase Kijang, en la cual aprenden a usar el poder del corazón y del alma de forma expansiva. Los ancianos en la última etapa, el período de la realización, están en la fase Shinmyung, que es cuando tienen energía de la sabiduría capaz de comprender profundamente los principios de la naturaleza y la vida. En otras palabras, los eoreushin son ancianos iluminados cuyas energías divinas están en su dahnjon superior y ahora brillan con mayor fuerza.

Los términos "personas mayores" o "ancianos" se usan para referirse a aquellos que han crecido y expresan solamente su apariencia exterior. Eoreushin, por otra parte, describe a un anciano en su interior, alguien con sabiduría y un espíritu brillante. En la tradición cultural coreana el ciclo de la vida de una persona es juzgado por su eol, su alma y espíritu, en lugar de su cuerpo, y envejecer es considerado un proceso de realización para desarrollar la iluminación del alma y del espíritu.

Eoreushin, esta palabra que describe a quienes han desarrollado sus almas hacia una luminosidad celestial, nos enseña el camino que deben seguir los humanos. Volverse un eoreushin es convertirse en alguien que tiene datos acerca de los principios ocultos de la naturaleza, quien comparte su virtud y sabiduría por la vida, y es respetado por quienes le rodean. Esa es la imagen ideal de la tercera edad, una que nos permite envejecer felices y en paz.

Volverse un anciano iluminado no sucede de forma automática solo por haber envejecido físicamente. Debes madurar internamente y tener tolerancia, amor y sabiduría. En pocas palabras, debes dar una gran cantidad de energía. Despertar a los principios de la vida y la naturaleza, comprometido con prácticas para desarrollar tu energía, y crear verdadera felicidad y alegría mediante una vida de compartir. De esta forma es que nos volvemos unos ancianos iluminados.

Quisiera presentar el "Arirang", una canción acerca del despertar vital hacia tu ser verdadero y sobre perseguir la plenitud. "Arirang" es una canción tradicional que ha sido amada por muchas generaciones de coreanos, tanto que la balada está registrada como Patrimonio Cultural Intangible de la Humanidad por parte de la UNESCO. Este es el significado original de "Arirang":

Arirang Arirang Arariyo
Estás cruzando las colinas de Arirang
Me abandonaste, amor mío
Pero te cansarás antes de completar 10 millas.

Superficialmente es una canción que parece ser acerca del resentimiento de un amante abandonado. No obstante, yo la interpreto como el deseo adquirido de lograr la plenitud.

En la palabra arirang, *a* significa el ser verdadero, *ri* significa iluminación, y *rang* significa alegría. Por lo que arirang significa la alegría de despertar en el ser verdadero. "Estás cruzando las colinas de Arirang" significa que la vida es un camino hacia las colinas, un camino que tiene muchas subidas y bajadas para despertar en el verdadero ser. "Me abandonaste, amor mío" – estas palabras representan a aquellos que se van sin despertar en sus verdaderos seres. En la frase: "te cansarás antes de completar 10 millas", el número 10 representa la plenitud. Es igual que la cruz cristiana y la esvástica del budismo (卍) – las cuales contienen el carácter chino del 10 (十) – que significa plenitud. No estar en la capacidad de andar por 10 millas significa fallar a la hora de alcanzar la plenitud. La canción continúa:

Oh, la alegría de despertar en tu verdadero ser,
Nuestras vidas son caminos hacia las colinas
   para despertar en el verdadero ser.
   Aquellos que van sin despertar en el verdadero ser
   se cansarán antes de alcanzar la plenitud.

Al igual que en las palabras de "Arirang", permítete aceptar con gusto las subidas y bajadas de tus caminos en la vida, lo que te ayudará a despertar en tu verdadero ser. Permítete caminar con tranquilidad por ese camino, ser agradecido por cada lección que te espera en el complicado camino de la vida. Entonces comenzarás a ver la belleza y el amor del camino de tu vida y de las personas que conoces a lo largo del camino hacia tu verdadero ser y la plenitud.

" Nuestras vidas se vuelven obras de arte, no dolor, cuando conocemos la ley del Chunhwa. Todas las ansiedades mentales y conflictos que vienen de ser seres finitos se transforman en una oportunidad de crear arte mediante nuestras vidas, al mismo tiempo que progresamos hacia el crecimiento y la realización del alma".

CAPÍTULO 4

Reflexiona sobre la primera mitad de tu vida, diseña la segunda

Para vivir la segunda mitad de tu vida en función de la plenitud, con verdadera satisfacción interna y el alma plena, hay un proceso que debes cumplir. Es necesario que te tomes un tiempo para reflexionar sobre la primera mitad de tu vida y diseñar la segunda mitad.

Debes darte cuenta completamente de que este es un punto de quiebre crucial en tu vida. No podemos enfatizar lo suficiente sobre este punto. ¿Vivirás la segunda mitad de tu vida meramente como una compensación o como una extensión de tu período de éxito? ¿O crearás y desarrollarás tu vida nuevamente desde la perspectiva de la plenitud? Eso dependerá de las elecciones que hagas en este punto de quiebre.

Muchas personas comienzan a reflexionar sobre sus vidas cuando ingresan en la segunda mitad de las mismas. En particular, se sumergen en los recuerdos conforme piensan en los tiempos buenos y malos. Pero esa retrospección pasiva no es suficiente. Debes tomarte el tiempo para hacer una recopilación contable de tu vida, reflexionar activa e intencionalmente sobre tu pasado, con la intención de diseñar tu período de plenitud con una nueva mentalidad y metas.

La renovación no vendrá automáticamente y la vida no cambia simplemente porque tienes un año más. Puedes comprender esto, aunque tengas 30 años. Los años pasan y las temporadas cambian de acuerdo con los ciclos de la naturaleza, pero eres tú quien le da significado a estos cambios y elige la renovación. A menos de que reflexiones sobre lo que has aprendido durante los años que han pasado y sobre cómo aplicarás esas lecciones a tu vida futura, envejecer un año más no te hará más sabio. De la misma forma, a menos de que te tomes el tiempo conscientemente para mirar hacia atrás y reflexionar profundamente sobre la primera mitad de tu vida, todo lo que quedará serán memorias y sentimientos que pasan. Tus experiencias no se desarrollarán hasta convertirse en sabiduría para vivir mejor durante la segunda mitad de tu vida.

Una vez escuché a un académico decir que el 95 por ciento de las personas están viviendo hoy igual que como vivían ayer, al igual que hace un mes, sin cambios reales. La renovación no sucede por sí sola. Llega únicamente a las personas que la buscan, que abren sus ojos y ven el amanecer. Cuando llega el amanecer, el cielo seguirá estando tan oscuro como la noche a menos de que abras los ojos. Al llegar la primavera, no podrás sembrar las semillas a menos de que sepas que esta es la temporada. La era de la longevidad estirándose frente a nosotros tiene un infinito potencial para completar nuestras vidas como lo deseamos. Sin embargo, terminará como una posibilidad sin realización a menos de que percibas y diseñes conscientemente la segunda mitad de tu vida. El camino a una nueva vida no se abrirá si no lo eliges tú mismo.

"La Renovación del Águila" es una historia que suele ser citada cuando se requiere una auto-renovación corporativa. Es así:

Había una vez una isla de águilas. Las águilas de esa isla vivían hasta los 40 años y después morían. De acuerdo con la leyenda, había una forma en que podían vivir hasta los 70 años, pero el método era tan doloroso que ningún águila de la isla se atrevía a intentarlo.

Había un águila valiente y curiosa a la que le gustaba volar alto y llegar a distancias muy lejanas. Esta águila tenía cerca de 40 años y sus talones ya estaban envejecidos, por lo que tenía problemas capturando a sus presas. Mientras más envejecía, más débil y torpe se volvía. Sus plumas también se estaban engrosando, lo que hacía que sus alas pesaran más, por lo que volar magnificentemente por los cielos era cada vez más difícil. Un día pensó, "de todas formas me voy a morir. Lo mejor que puedo hacer es intentar vivir 70 años, aunque sea doloroso". Conforme lo que se indica en la leyenda, se esforzó y voló hasta la montaña más alta de la villa, en donde construyó un nido.

En primer lugar, picoteó una roca hasta que su pico se rompió y se le cayó. Después, lentamente, un nuevo pico creció en su lugar. Utilizando su nuevo pico, se haló sus talones uno por uno. Cuando crecieron los nuevos talones en su lugar, los utilizó para halarse las plumas una por una. Después de haber pasado por este doloroso proceso, que duró varios meses, nuevas plumas finalmente comenzaron a crecer. La valiente águila, transformada en algo completamente nuevo, desplegó sus hermosas y enormes alas y voló de vuelta hasta la villa. Al vivir otros 30 años, les enseñó a otras águilas de la villa cómo volver a nacer, como ella lo había hecho.

Esta fábula no se basa en ningún hecho científico. En lugar de eso, nos dice que los cambios reales de nuestras vidas no vienen sin haber tomado una decisión, compromiso y esfuerzos. Realmente me conmovió escuchar esta historia por primera vez. La valentía del águila a la hora de superar sus límites, trascender a su ser actual y volver a nacer despierta en nosotros una sed de plenitud.

Por supuesto, no necesitamos someternos a sufrimientos, como el águila en la historia, para volver a nacer en la segunda mitad de nuestras vidas. Sin embargo, debemos tener la valentía de mirar con calma nuestras vidas y alegremente deshacernos de todo lo que esconde lo que somos verdaderamente. Y debemos elegir: he decidido tener este sueño y convertirme en esta persona y debo completar la vida que he diseñado para mí.

Volver a escribir la historia de tu vida

Hay muchas formas de reflexionar sobre tu existencia. Puedes dividir tu vida en unidades de 10 años, por ejemplo, y pensar en las cosas importantes que ocurrieron durante esos períodos. O podrías pensar en lo que pasó en cada etapa de tu vida y qué fue significativo para ti. Por ejemplo, cuando estabas en la escuela primaria, secundaria y la universidad, cuando comenzaste a trabajar, cuando iniciaste una familia y cuando tus hijos se casaron.

Te recomiendo que te hagas las siguientes preguntas para que reflexiones activamente sobre la primera mitad de tu vida:

- ¿Qué cosas he logrado en mi vida?

- ¿Cuándo fui más feliz?

- ¿Cuándo las cosas fueron más difíciles?

- ¿Cómo superé las dificultades y qué aprendí de ellas?

- ¿De qué momentos de mi vida me arrepiento?

- ¿Cuándo hice cosas de las que me siento orgulloso y que he encontrado reconfortantes?

- ¿Qué elecciones se convirtieron en oportunidades que cambiaron mi vida?

- ¿A qué valores intenté mantenerme apegado durante mi vida?

- ¿Qué me ayudó a mantenerme apegado a esos valores?

- ¿Qué se ha interpuesto en mi intención de permanecer apegado a esos valores?

- ¿Qué metas he tenido hasta ahora en mi vida?

- ¿Qué me motivó para establecer estas metas?

- ¿Cuáles de mis metas de vida he alcanzado?

- ¿Cuáles de mis metas no he podido alcanzar?

- ¿Quién ha tenido un importante impacto en mi vida hasta ahora?

- ¿A quién he considerado una persona muy preciada hasta ahora?

- ¿Con quién quiero compartir mi gratitud?

- ¿Con quién tengo temas emocionales que necesito resolver?

- ¿Cuáles de mis hábitos quiero mantener y desarrollar?

- ¿Cuáles de mis hábitos quiero descartar?

- ¿Qué cosas realmente he querido hacer, pero no he logrado?

- ¿Cuáles fueron las razones por las que no pude hacer las cosas que quería?

De ser posible, escribe tus pensamientos sobre estas preguntas. Organizarlas por escrito en lugar de pensar en ellas te ayudará a comprender las cosas que pasan por tu cabeza.

Al mirar hacia atrás, organiza la historia de tu vida de forma que te motive e inspire, permitiéndote vivir una vida plena. No debes permitir que la historia de tu pasado se convierta en una carga de confusión, dolor y sufrimiento. Utiliza tu pasado como una fuerza motora para que el hoy y el mañana sean más brillantes y más fuertes. En ese sentido, debes editar y reinterpretar la historia de tu vida. No me refiero a que debas negar la realidad de los sufrimientos y retrocesos que has experimentado como si nunca hubieran sucedido. Tampoco debes incorporar cosas buenas que nunca sucedieron. No te estoy diciendo que debes distorsionar tu pasado, sino mirarlo desde una nueva perspectiva.

Los historiadores excelentes no se limitan a reportar simplemente algo que ocurrió en el pasado. En lugar de eso, interpretan lo que ocurrió desde una perspectiva única, destacando contextos históricos previamente desconocidos y ofreciendo una base de acción para las personas que viven en la actualidad. Los grandes historiadores predicen las corrientes futuras y nos ayudan a diseñar un futuro mejor. Necesitamos reflexionar e interpretar nuestras vidas de la misma forma.

No se trata simplemente de decirlo, "esto sucedió en el pasado, me sentí feliz y triste, o tuve éxito o fallé". En lugar de eso, preguntemos "¿qué significado ha tenido para mí y qué significado le puede dar a mi yo futuro?". Si vamos a hacerlo, tenemos que poder ver nuestras historias sin pasión y con objetividad. No deberíamos estar atados o quedarnos fijos al pasado. Ni tampoco debemos quedarnos con una consciencia de egoísmo o victimismo. Al hacer esto, nos mantenemos como los protagonistas de historias poco satisfactorias y caóticas, o nos alejamos de la realidad y nos mantenemos inmersos en historias de glorias y éxitos pasados.

Las personas que nos mueven e inspiran profundamente, que nos da valentía, han reinterpretado y reescrito historias de sus vidas. No son personas que han vivido sin fallas o sin haber perdido la esperanza. Pero al ponerse frente a sus propias historias, en lugar de simplemente decir "esto me sucedió a mí", han dicho "lo logré a pesar de todo", o "aprendí esto y me moví hacia adelante en función a lo que aprendí". Son personas que se han vuelto a levantar varias veces durante su trayectoria. Se han convertido en dueños de sus propios destinos.

Déjame presentarte un ejemplo. Un psicólogo judío muy distinguido en Viena, Viktor Frankl de 37 años, terminó en un campo de concentración Nazi en Auschwitz con su esposa y otros familiares. Cuando el campo fue liberado tres años después al final de la guerra, su mujer embarazada, sus padres y la mayoría de sus familiares habían sido asesinados por los Nazis.

Frankl sufrió por su temor a morir y por verse privado de todo lo que tenía, las personas que amaba, y su dignidad y libertad como ser humano. Sin embargo, había una pregunta que le cautivaba constantemente mientras vivía en el campo de concentración: "¿hay alguna razón para que un ser humano continúe viviendo en constante sufrimiento en un ambiente que está completamente fuera de su control?".

"Sí", concluyó. Frankl resistió a las miserias de la vida en un campo de concentración y decidió que había solamente una diferencia entre los que morían y los que sobrevivían: el significado. Los que encontraban significado en algo grande o pequeño, como un ser querido o un sentido de la responsabilidad, llegaban hasta el final. "Aquellas personas que tienen un 'por qué' en su vida", escribió, "pueden soportar casi cualquier 'cómo'".

"A un hombre le pueden quitar todo excepto una cosa", Frankl escribió en su obra *El Hombre en Búsqueda de Sentido*, "la última de las libertades humanas es la de elegir la actitud personal en cualquier conjunto de circunstancias, escoger el modo individual de hacerlo".

Aunque experimentó un sufrimiento brutal en circunstancias extremas, Frankl nunca perdió la esperanza en la humanidad o en la vida misma. Decidió soportar los sufrimientos inevitables y demostró que nuestras vidas pueden estar llenas de significado y valor incluso en las peores circunstancias. Con base en su experiencia, estableció nuevas técnicas psicológicas que ayudan a las personas a encontrar significado cuando están experimentando ansiedad, coacción y desesperanza. La historia de la vida de Viktor Frankl, reescrita por él, sigue dándole esperanzas y valentía a muchos en la actualidad.

En la forma en la que has vivido tu vida hasta ahora, probablemente ha habido momentos y eventos fundamentales que representan puntos de quiebre. Si has tenido momentos de orgullo, probablemente también has tenido cosas de las que arrepentirte. Sin importar cómo ha sido la vida que has tenido hasta ahora, todas las etapas de tu vida pasada se han reunido para hacerte la persona que eres hoy. Lo importante es descubrir que *tú* has creado tu vida hasta ahora. Aquellas personas que piensan de esa forma también pueden crear su presente y futuro. Sin embargo, hay quienes piensan "yo no creé mi condición actual; fue creada por el ambiente y la situación. Yo no he tenido elecciones y simplemente soy una víctima". Quienes piensan de esta forma no pueden elegir asumir la responsabilidad de su propio futuro.

Cualquiera que sea la vida que has vivido, ha sido tuya. Todos los momentos de tu vida se han unido para hacerte la persona que eres ahora. Es tu historia única, de nadie más. Con esto en mente, ten una sincera gratitud por la propia historia de tu vida, y por todas las épocas, lugares y personas que han aparecido como personajes en ella. Más que nada, ama y sé agradecido contigo mismo por haber superado todos esos momentos para llegar hasta donde estás ahora. Acepta humildemente todas las lecciones que te ha dado la vida y convierte la historia de la primera mitad de tu existencia en un fertilizante que permita que la segunda mitad florezca hermosamente.

Deberíamos vivir como los dueños de nuestro destino en todo momento, eligiendo, planificando y actuando para nosotros mismos; pero esto no quiere decir que todo funcionará de la forma en que lo deseamos. Con frecuencia, las cosas suceden distintas a lo planificado o esperado. Por lo que todos estamos destinados a arrepentirnos de ciertas cosas: "si tan solo hubiera hecho algo diferente entonces...", pero no es para nada útil sentarse a arrepentirse del pasado, porque nunca podremos dar vuelta atrás al reloj. Todo lo que tenemos que hacer es aceptar con agradecimiento las cosas que han salido bien, reconocer honestamente y aprender de nuestros errores. No podemos avanzar si continuamos ceñidos al pasado.

Nunca debemos desalentarnos o castigarnos diciéndonos: "mi vida hasta ahora ha estado completamente equivocada. No ha habido nada de valor en mi vida". No lograremos acumular las energías para volver a comenzar en la segunda mitad de nuestra vida si nos culpamos de esta forma. Si evaluamos nuestras vidas de forma negativa, terminaremos odiándonos y nos cerraremos completamente a las demás personas o al mundo. Escribe con calma toda tu historia hasta este momento, pero extrae las esperanzas y el entusiasmo de ella. Permite que sea una fuente de nueva energía para lo que vas a crear a partir de ahora.

Confesiones de una persona de 95 años

Mientras más temprano comencemos a diseñar la segunda mitad de nuestras vidas, mejor. Inclusive en nuestra adolescencia, es necesario comprender que la vida es un proceso de auto-plenitud y que el éxito no es más que una etapa, y no la única, de este proceso. Aquellas personas más maduras y con perspectivas de mayor plazo pueden vivir con su propia filosofía e integridad intactas sin verse atropelladas por el ambiente, incluso durante los períodos de éxito.

Conforme entramos en los 40 años, debemos comenzar a diseñar la idea de cómo deseamos pasar nuestra vejez. A más tardar durante los 50, definitivamente necesitamos tener una dirección para nuestra vejez, de forma que podamos prepararnos para vivir la vida que hemos elegido. Nuestra vida posterior a la jubilación podría ser dramáticamente diferente dependiendo de si contamos o no con tal diseño.

Hay muchas personas mayores que no pueden retirarse de sus trabajos a la edad más común y tienen que continuar produciendo para poder sobrevivir, a veces tienen que asumir trabajos de muy bajos salarios para poder llegar a fin de mes. También hay muchas personas mayores que deciden no jubilarse a la edad típica. En la medicina, por ejemplo, no es poco usual trabajar hasta los 80 años. Tales personas mayores que están empleadas pueden sentir que no tienen tiempo para planificar la segunda mitad de sus vidas ni viajar hacia la plenitud. Sin embargo, esto no es algo que puedes hacer únicamente si te has jubilado y tienes mucho tiempo libre, y no se trata de meditar o entrenar durante todo el día.

El centro de una vida dirigida hacia la plenitud es la actitud que asumes para tu enfoque en cada momento. En otras palabras, se trata de la actitud que tienes a la hora de lidiar con el trabajo que haces y las personas que conoces. Nuestra vida, nuestro trabajo y relaciones, son un espacio maravilloso para estudiar la plenitud y la mejor fuente de meditación material. Si pensamos en esto positivamente desde esa perspectiva, podemos decir que las personas que trabajan inclusive hasta sus últimas etapas, pueden llevar vidas más importantes y llenas de significado que aquellas personas que llegan a ese momento sin nada que hacer. Simplemente necesitamos mantener un balance adecuado de vida laboral y personal para que nuestras vidas no se enfoquen excesivamente en el trabajo.

Ni siquiera un experimentado arquitecto puede construir un maravilloso edificio sin un plan. Si no diseñas tu vida, terminarás dominado por tu ambiente, moviéndote hacia donde las situaciones te lleven. Probablemente piensas así: "me maté trabajando durante los últimos 30 años, estableciendo metas y planes anuales, mensuales, semanales y diarios. Estoy cansado y obstinado de escuchar las palabras planificación y diseño. ¿Qué tipo de diseño debo generar para después de mi jubilación? ¡Solamente quiero vivir libremente!".

¿Realmente quieres vivir con libertad? Entonces tienes que

diseñar tu vida de esa forma. Piensa profundamente y en detalle cómo se ve la vida libre y realiza las preparaciones necesarias para vivir así. De otra forma, en lugar de vivir en libertad, terminarás viviendo tus días sin cambios especiales, retos o crecimiento, simplemente rodeado de cosas que sean familiares y cómodas, repitiendo los mismos hábitos.

"Tendré mucho tiempo. ¿Por qué apurarme? Me tomaré mi tiempo para pensarlo". Si estás pensando de esta forma, lee las siguientes palabras. Impreso en un artículo en un periódico de Corea del Sur en el 2008, este artículo fue escrito por una persona de 95 años, y ha dado mucho en qué pensar.

Realmente trabajé muy duro cuando era joven. Como resultado, fui reconocido y respetado por mis habilidades. Pude retirarme, de forma confiada y orgullosa, a los 65 años gracias a eso.

Treinta años después he derramado muchas lágrimas de arrepentimiento, en mi cumpleaños número 95. Mis primeros 65 años fueron honrados y orgullosos, pero los 30 años de mi vida desde entonces han estado llenos de arrepentimiento y amargura.

Después de retirarme, pensé: "ya he vivido mi vida. Los años que tenga por delante son solamente un bono". Con ese pensamiento en la mente, simplemente he esperado una muerte dolorosa. Una vida sin sentido y sin esperanzas, he vivido esta vida durante 30 años. Treinta años son un largo tiempo, un tercio de mis 95 años de vida. Cuando me retiré, si hubiera pensado que viviría 30 años más, realmente no hubiera vivido de esa forma. Fue un gran error para mí pensar que era una persona vieja, que era muy tarde para mí comenzar algo nuevo.

Ahora tengo 95 años, pero mi mente está muy clara. Puedo vivir 10 años o 20 años más. Ahora comenzaré a estudiar un idioma extranjero, que es algo que siempre he querido hacer. Solamente tengo una razón para esto... para que en mi cumpleaños número 105, dentro de 10 años, no me arrepienta de no haber comenzado algo nuevo cuando tenía 95 años.

Esto fue escrito por el Dr. Seokgyu Kang, fundador de la Universidad Hoseo de Corea. Incluso con sus 100 años, se pone de pie en un podio y comparte la visión que ha acumulado en su vida; murió a los 103 años. Corto o largo, el tiempo simplemente fluye, a menos de que vivamos conscientemente. Hay un famoso refrán coreano que dice: "El agua fluye hacia donde la dirijamos". ¿Hacia dónde fluirá el agua de tu vida? Ha llegado la hora de crear un nuevo torrente que tu vida pueda seguir.

El cambio comienza con una elección

Cuando les dices que diseñen su vida después de la jubilación, muchas personas piensan en primer lugar en cosas como armar un nido, hacer planes de viaje, encontrar una comunidad de ancianos en la que vivir durante la vejez y, sucesivamente, dejar preparado un testamento y establecer los lineamientos para un funeral. Pero lo que es realmente importante antes de atender estos detalles concretos es pensar profundamente en el significado que tiene para ti la vida después del retiro y tener el sueño de la plenitud. Solamente con una dirección general podrás asegurarte de utilizar el tiempo que te queda de forma independiente y creativa. Más que crear simplemente una lista de deseos o de cosas que hacer, se trata de elegir la dirección de la segunda mitad de tu vida. Si esta dirección está clara, puedes encontrar formas concretas en las que alcanzar el destino que deseas.

El mundo exterior está lleno de información sobre cómo vivir después de la jubilación. Los comerciales de TV nos dicen que debemos gastar nuestro dinero para mantener la juventud, belleza y fuerza. Los inversionistas y las empresas de seguros dicen "confíanos tu dinero y salud mientras tú disfrutas de un paseo en vela y una playa romántica". "Confía en mí", dicen los políticos. "Crearé políticas que te mantendrán seguro durante tu vejez". La información viene de afuera, pero también se acumula desde adentro. ¿Qué tipo de información te estás dando a ti mismo sobre la vida que te queda por delante? ¿Qué mensajes te estás enviando sobre tu futuro?

Es muy deseable y recomendable cuidar bien tu cuerpo para que cuando seas mayor tus músculos no pierdan la fuerza, tu piel no se arrugue demasiado y mantengas una visión y audición saludables durante el mayor tiempo posible. También puedes utilizar la medicina moderna para mejorar la fuerza con la que vives durante tu vejez. Por ejemplo, mi vista desmejoró mucho cuando comencé a acercarme a los 60 años. Ponerme y quitarme las gafas constantemente era muy incómodo, por lo que me sometí a una cirugía láser. Mis dientes estaban muy débiles y me dolían las encías, por lo que me puse diversos implantes. Pero nuestros cuerpos envejecen con el tiempo, sin importar qué tan bien los cuidemos, y también es muy sabio aceptar alegremente que el cuerpo está envejeciendo de acuerdo con los principios de la naturaleza.

Sin embargo, tenemos algo que nunca envejece: nuestro espíritu. El gran espíritu que mora dentro de todos los seres humanos –esa conciencia libre y creativa– que no envejece sin importar nuestra edad. Este espíritu nos alienta, preguntándonos quiénes somos y permitiéndonos dedicar el tiempo de forma significativa hasta los últimos momentos de nuestras vidas. Aquellas personas que descubren su espíritu y viven de acuerdo con su guía no son esclavos de sus ambientes. Son los dueños de sus destinos. Lo que más necesitamos para tener una vejez saludable y feliz no es un experto en finanzas o un entrenador que nos cree programas de ejercicios o dietas. Lo que realmente necesitamos es escuchar nuestra voz interior, nuestras almas, así como elegir cómo queremos vivir realmente y qué tipo de personas seremos.

¿En dónde debes comenzar? Comienza haciéndote esta pregunta. ¿Cuál es la vida que desea tu alma más allá de las respuestas establecidas por el mundo? Pregúntate qué hay en tu corazón, no en tu cabeza. Pregúntate una y otra vez qué es lo que deseas de corazón y qué tipo de vida le traerá una verdadera alegría a tu alma. Si cierras los ojos y te diriges hacia adentro, siguiendo tus sentimientos, en algún momento las respuestas llegarán a ti. Una vez que lo hayas encontrado, decide hacer lo mejor que puedas para hacer cumplir el sueño que deseas, aprovechando al máximo este tiempo nuevo y preciado que te ha sido otorgado.

Todas las oportunidades comienzan con una elección. Podemos equivocarnos continuamente, a veces por las subidas y bajadas de nuestra vida que están más allá de nuestro control, a veces por nuestra pereza, temores o hábitos. Sin embargo, nos acercaremos más a la vida que elegimos, paso a paso, cuando elegimos y actuamos con sinceridad, sin rendirnos. *Podemos tomar decisiones.* Esto es algo realmente valioso. Incluso cambios que pueden parecer muy difíciles comienzan por nuestra elección de alcanzarlos. Sin importar cuáles sean las circunstancias que te rodean, puedes elegir mejorar este ambiente, aunque sea nada más un poco. Conforme envejecemos, nos enfrentamos a nuevos cambios en el ambiente, como el debilitamiento del cuerpo, la jubilación y la separación. Muchas personas aceptan tales cambios como restricciones y limitaciones, y se desalientan pensando que no hay nada que puedan hacer. Pero siempre que nuestras almas estén despiertas, podemos elegir y crear cambios en el ambiente.

Cada uno de nosotros es el capitán del barco de su vida. Podemos navegar a la deriva o podemos hacer un viaje épico. Hay algo que determina eso: si sabes o no hacia dónde te diriges. Tú eres el único que puede elegir esa dirección. El poder de reflexionar, soñar y elegir ser de cierta forma, este es un don que solamente los humanos hemos recibido. Ese poder no desaparece simplemente porque hayamos envejecido. De hecho, puede crecer cada vez más fuerte porque, conforme hemos navegado las aguas tormentosas, hemos vivido suficiente tiempo como para saber que solo nosotros podemos tomar el control y la responsabilidad de nuestras vidas. Hasta el momento final de nuestro viaje, debemos ir hacia adelante, sin desaprovechar ese hermoso poder.

Tomé mi decisión de vivir hasta los 120 años conforme caminaba por un sendero de madera en Earth Village en Kerikeri, Nueva Zelanda. Toma alrededor de una hora recorrer este hermoso camino boscoso, que he bautizado como "El Camino de una Nueva Vida". Hay una colina empinada a mitad de camino, que utilizamos como un sendero para meditar andando, y en esa colina instalé unos escalones de madera para no dañar las raíces expuestas de los árboles y evitar que las personas se tropiecen con las raíces.

Insistí en colocar 120 peldaños, porque esperaba que las personas que los subieran descubrieran su propio valor infinito conforme comulgaban con la naturaleza, que tuvieran el gran sueño de contribuir con una tierra más saludable, hermosa y pacífica, y que eligieran vivir 120 años.

La escalera continúa sin interrupciones hasta el peldaño 60, que tiene una amplia cubierta de madera hacia la derecha. Este es el punto que marca la mitad de la subida, los primeros 60 peldaños representan la primera mitad de la vida y los siguientes 60 peldaños la otra mitad. La cubierta de madera en la mitad simboliza el período de transición antes de pasar a los siguientes 60 años. Aunque siempre habrá diferencias entre las distintas personas, generalmente el tiempo en el que nos retiramos de nuestra vida laboral es un período de transición.

Yo llamo a los primeros 60 años el destino congénito y a los siguientes 60 años el destino adquirido. El destino congénito es aquel con el que hemos nacido y el que nos ha sido impuesto constantemente por el mundo, y el destino adquirido es el que creamos para nosotros mismos a través de nuestras elecciones y esfuerzo. Por supuesto que podemos forjar nuestro destino y nuestras elecciones y acciones a cualquier edad, pero en los primeros 60 años es probable que vivamos de acuerdo con las reglas de la sociedad, incluso cuando son contrarias a lo que desean nuestras almas. Durante los segundos 60 años, estamos por embarcarnos en un nuevo destino impulsado por los deseos más profundos de nuestra alma y dirigido por nuestras propias reglas.

Dependiendo de las elecciones y diseños que hagas ahora y para hoy, tu día cambiará definitivamente. De la misma forma, no es necesario repetir su impacto en tu expectativa de vida y en la calidad de tu vida durante la vejez. Nuestro destino final depende de la naturaleza, pero somos nosotros los que debemos definir los detalles. Es importante abrir los ojos a la libertad y poder de acción que nos han sido otorgados. Así podremos encontrar un nuevo camino en la vida, un increíble destino adquirido, si continuamos cambiando nuestro destino del día a día de acuerdo a un diseño de largo plazo sobre nuestra existencia.

Conviértete en el suministro de tu propia salud, felicidad y paz

Todo el mundo debería tener este precepto en mente a la hora de diseñar la segunda mitad de la vida, centrándose en el valor de la plenitud: debes crear tu propia salud, felicidad y paz; no podemos confiar en que alguien más nos lo ofrezca. Si eres responsable de tu salud, felicidad y paz, y tomas un enfoque activo al potenciarlas, una expectativa de vida más larga seguirá naturalmente.

Piénsalo. ¿Cómo puedes tener la esperanza de vivir 100 o 120 años simplemente confiando en el ambiente externo, en sistemas o personas, para tu salud, felicidad o paz? No solamente es muy ambicioso, también te convertirás en una carga para los que te rodean. Sin duda sería perturbador observarnos a nosotros mismos como cargas y puede que consideres que sea mejor cerrar tus ojos temprano en lugar de eso. Mi punto es que incluso cuando seas mayor, deberás ser autosuficiente para tu salud, felicidad y paz.

Sin embargo, si miras a tu alrededor, verás que muchas personas tienden a confiar en elementos externos en lugar de ser autosuficientes para estas cosas. Simplemente observando la salud, vemos que las personas entran en una farmacia o un hospital cuando se sienten un poco mal. Puedes obtener la ayuda médica necesaria, por supuesto, pero ni los médicos, ni la medicina, pueden garantizar los aspectos fundamentales de nuestra salud como la fortaleza muscular, capacidad pulmonar, sentido del balance, reflejos e inmunidad. Una contextura saludable no es algo que pueda desarrollar alguien más por ti. Debes desarrollarla a través de tu propia fortaleza.

Lo mismo aplica para la felicidad y la paz. Muchas personas confían en aspectos externos para obtenerlas. Se sienten felices cuando obtienen algo que desean o cuando alguien les da apoyo o reconocimiento. Pero si confiamos solamente en condiciones externas, es fácil que la felicidad termine en infelicidad tan pronto como el objeto o la persona desaparezcan. Es como vivir en una cuerda floja, influenciados por un ambiente externo que nos empuja hacia adelante y hacia atrás entre la felicidad y la infelicidad, momento a momento. Podemos convertirnos en los verdaderos dueños de nuestra salud, felicidad y paz cuando aprendemos a crearlas para nosotros en lugar de confiar en un ambiente externo, rogando y esperando que esto suceda. Adicionalmente, una vez que te has centrado en la salud, felicidad y paz, podrás compartirlas además con otras personas.

¿Cómo estás ahora? Si te dijeran que tienes que calificar tu salud, felicidad y paz, ¿cuántos puntos de 100 te darías en cada categoría? ¿Eres autosuficiente en estas cosas o tiendes a confiar en el ambiente externo para alcanzarlas? Califícate después de pensarlo cuidadosamente. Esto no se trata de un índice objetivo, en lugar de esto es una herramienta para evaluarte subjetivamente con base en tus sentimientos, pensamientos y satisfacción.

- ¿Soy saludable? ____ puntos.

- ¿Me suministro mi propia salud? ____ puntos.

- ¿Soy feliz? ____ puntos.

- ¿Me suministro mi propia felicidad? ____ puntos.

- ¿Estoy en paz? ____ puntos.

- ¿Me suministro mi propia paz? ____ puntos.

No tienes por qué sentirte decepcionado si tus calificaciones son bajas. No es demasiado tarde. Lo único que tienes que hacer es empezar ahora. Siempre tendrás esperanza, porque la salud, felicidad y paz son definitivamente variables y alcanzables al ser fenómenos de energía que surgen en nuestros cuerpos. No son cualidades remotas que puedan obtenerse solamente a través de un gran esfuerzo.

Para poder suministrarnos nuestra propia salud, felicidad y paz, necesitas entrenar tu poder físico, el poder de tu corazón y el poder de tu cerebro. El poder físico es un punto de quiebre para la felicidad y la salud durante la vejez. Desarrollar el poder físico también es un atajo para desarrollar el poder de tu corazón y el poder de tu cerebro. Si no sabes en dónde o cómo comenzar a diseñar tu vejez, intenta comenzar con la fuerza física. Cuando tu cuerpo desarrolla fuerza, tu ambición crece naturalmente con ella, y descubres que tienes nuevas ideas y nuevas cosas que probar. Es una buena idea encontrar un objetivo físico concreto para el nivel de poder físico que deseas alcanzar o un modelo ideal que puedas adoptar.

El poder de tu corazón crece cuando tienes valores centrales que guían tu vida. Eliges palabras y acciones a la hora de mantener tu alma y consciencia, intentas revelar completamente las cualidades positivas de tu carácter, y tienes sentimientos de madurez. Como tu poder físico, mientras más utilizas el poder de tu corazón, más crecerá. El poder de tu corazón es una fortaleza que se desarrolla a través de las relaciones. La tolerancia, compasión, comprensión, perdón y consideración dentro de nosotros crecen cuando los entrenamos, al igual que cuando entrenamos para aumentar nuestro poder físico. Las relaciones personales cercanas, como las que tenemos con nuestros familiares, amigos y comunidades a las que pertenecemos, son excelentes campos de entrenamiento para el poder del corazón.

El centro de poder del cerebro es la creatividad. Tener muchos conocimientos no significa que tenemos un fuerte poder cerebral. El poder cerebral utiliza los conocimientos internos y la sabiduría para crear algo que contribuya con nosotros y con el mundo. "La necesidad es la madre de la invención", dice el refrán. Esto expresa muy bien cómo la creatividad, la personalidad del cerebro, se manifiesta. La creatividad viene de la curiosidad, del interés y el amor por nosotros y el mundo. Si te examinas cuidadosamente a ti mismo y lo que te rodea con afecto, entonces las ideas de cómo arreglar y mejorar las cosas están listas para llegar a tu mente. Actuar sobre estas ideas con voluntad y enfoque conducen a la creación.

Una vida de plenitud comienza con suministrarte tu propia salud, felicidad y paz desarrollando poder físico, poder del corazón y poder del cerebro. Esto es consistente con el proceso para desarrollar el sistema de energía del cuerpo para lograr una plenitud espiritual en la tradición Sundo de Corea. Cuando el dahnjon más bajo en el cinturón está suficientemente desarrollado, se convierte en una fuente de poder físico y la fuerza vital del cuerpo se fortalece. Cuando el dahnjon medio en el corazón se desarrolla, el poder del corazón crece y las virtudes como el amor, la tolerancia y la empatía se expresan. Cuando el dahnjon superior en la cabeza se desarrolla, el poder del cerebro crece y se desarrolla la reflexión, comprensión y sabiduría.

En los siguientes capítulos, introduciré métodos concretos para ayudarte a diseñar una hermosa vida para tu vejez, de forma que esté orientada a la plenitud conforme eres la fuente de tu propia salud, felicidad y paz.

CAPÍTULO 5

El poder físico es la vida — simplemente muévete

S i me preguntaran qué es lo primero que debemos atender para poder proveernos salud, felicidad y paz a nosotros mismos, tendría que ser salud. La salud es un trampolín y un atajo a la felicidad y la paz. "El poder físico es la vida", suelo decir. El poder físico es proporcional a la fuerza de tu vida, por lo que mejorar tu condición física es la mejor forma de extender la fuerza de tu vida. Para vivir hasta los 120 años, necesitas esforzarte en función de mejorar tu condición física.

Sin embargo, los obstáculos a los que se enfrentan muchas personas llegaron a mí cuando vi las estadísticas sobre el estatus de la salud y los cuidados sanitarios en Estados Unidos. Actualmente, 87 por ciento de los adultos en Estados Unidos con más de 65 años tienen al menos una enfermedad crónica, mientras que el 68 por ciento tiene dos o más. En comparación, 33 por ciento de los adultos de 65 años o más en el Reino Unido y 56 por ciento en Canadá tienen dos o más condiciones crónicas. De 224 países, Estados Unidos obtuvo el puesto 31 en expectativas de vida para el 2015.

Para tratar sus enfermedades, los americanos dependen ampliamente de medicamentos, más que cualquier otro país del mundo. Aunque Estados Unidos tiene el 5 por ciento de la población mundial, consume 75 por ciento de los fármacos de prescripción del mundo. En general, los estadounidenses gastan más dinero en atención a la salud per cápita que cualquier otro país (PIB de 9.507$ per cápita en Estados Unidos vs. 3.763$ per cápita en promedio en los países de la Organización para el Desarrollo y Cooperación Económicos (OCDE) en el 2017). Desafortunadamente, los costos de los cuidados de la salud pueden ser demasiado para algunos individuos. De acuerdo con un estudio de la Universidad de Harvard, los gastos de atención a la salud representan el 62 por ciento de las bancarrotas en Estados Unidos. Entre aquellas personas que han introducido su bancarrota por gastos médicos, el 72 por ciento incluso tenían seguros de salud.

La forma de contrarrestar la situación actual, según mi parecer, es enfocarse en la atención propia y volverse más auto-suficiente y menos dependiente de las instituciones de cuidados de la salud. Al utilizar tu propio cuerpo para curarte diariamente, puedes reducir o eliminar la necesidad de tratamientos médicos.

Esto es posible porque, finalmente, las enfermedades comparten una única raíz. Siempre surgen de un bloqueo de las energías, evitando que el organismo acceda a su poder de sanación original y natural. Las condiciones que causan la mayoría de los síntomas se recuperan con el tiempo, si liberas los bloqueos y restauras una buena circulación de la sangre y la energía. Aunque no podemos hacer nada con respecto a deter-minados factores, incluyendo las condiciones genéticas, hay otros factores que sí podemos controlar. Si te acercas cada vez más a tu cuerpo, será inevitable que te alejes de los hospitales y las farmacias. Las personas que van a los hospitales y farmacias suelen regresar cada vez que se sienten enfermos. Pero no tenemos por qué asistir a hospitales y farmacias cada vez que nos sucede algo menor. Debemos trabajar para desarrollar nuestra condición física, diciéndonos "cuando se trata de mi cuerpo, yo soy el principal médico". Con voluntad y esfuerzos, puedes llevar una vida larga, juvenil y saludable.

El ejercicio es un verdadero complemento con un efecto poderoso; es un método excepcional para potenciar las expectativas de vida, y los niveles de salud y energía. De acuerdo con un estudio canadiense, incluso las personas que están en sus cincuenta años que nunca se han ejercitado regularmente antes, pueden reducir su edad biológica por casi 10 años caminando a un paso rápido por 30 minutos, tres veces por semana.

Los efectos del ejercicio son innumerables, pero ayuda especialmente a bajar la sarcopenia (pérdida muscular durante la vejez). Tus músculos comienzan a deteriorarse a los treinta años, pero los principales cambios ocurren a los cuarenta y cincuenta años. Cuando tengas noventa años tu masa muscular habrá disminuido casi un cincuenta por ciento en comparación con tus veinte años, y cuando tengas setenta, tu fuerza probablemente habrá disminuido un treinta por ciento en comparación con tus cincuenta. El ejercicio es el método más importante para luchar en contra de la sarcopenia. El entrenamiento de resistencia y de fuerza es particularmente efectivo.

Al cuidar de mi padre cuando envejeció solía sentir pena por él. Era bastante saludable incluso a sus ochenta años, pero cuando superó los noventa, bajó de velocidad significativamente y su habla empeoró. Cuando tocaba su cuerpo con mis manos, buscando enseñarle algunos ejercicios, se negaba rotundamente. Lo único que podía hacer por él era recomendarle buenos alimentos, masajear sus brazos y piernas, y aplicar crema en las marcas de edad en su rostro. Mientras miraba a Papá pensé que debí haberle enseñado algunos ejercicios para gestionar su salud, al menos cuando tenía ochenta años. Durante sus noventa años, su poder físico y resistencia estaban tan débiles que hubiera sido muy difícil desarrollar un hábito de ejercitarse.

Mientras más joven seas a la hora de desarrollar el hábito de cuidar tu fuerza física, mejor. Pero nunca es demasiado tarde para comenzar. El que los "viejos sean débiles" no es más que un mito socialmente aceptado. Todo el mundo se vuelve más débil si no desarrolla y utiliza su fuerza. Muchas personas mayores sufren de rigidez en sus articulaciones, músculos y tejidos conectores, junto con una pérdida de balance. La mejor forma de mejorar estos síntomas es mover el cuerpo y ejercitarte. Depende de ti quedarte sentado esperando, lamentando el deterioro de tu cuerpo, o construir más activamente tu fuerza física. Te harás más fuerte si desarrollas y utilizas tu fuerza, incluso cuando eres mayor. Déjame darte un ejemplo.

El protagonista de esta historia es un ciclista francés de 105 años llamado Robert Marchand. Nacido en el norte de Francia en 1.911, tuvo diversas profesiones, desde bombero hasta conductor de camiones, leñador y granjero. Había practicado un poco de ciclismo cuando era joven, pero tenía 67 años cuando volvió a comenzar. En enero del 2017, a los 105 años, estableció un récord mundial, completando una pista de 22 kilómetros en una hora. Su volumen máximo de oxígeno (VO$_2$ máx.), frecuencia cardíaca, y salud cardíaca y pulmonar fueron medidos durante dos años y se descubrió que su capacidad era la de una persona de 50 años, unos 55 años menos que su edad real. Lo más increíble es que su VO$_2$ máximo aumentó en un 13 por ciento.

Mis ojos saltaron cuando leí sobre él. A menos de que seas un ciclista profesional, no sería fácil cubrir 22 kilómetros en una hora, incluso siendo joven. Es realmente impresionante que él haya podido mantener esa salud y vitalidad a los 105 años. Imprimí una foto de él en su bicicleta y la coloqué en mi escritorio. Está ahí para darme esperanzas y estimularme cada vez que la veo. Espero poder romper la idea de que el cuerpo se debilita con la edad y poder desarrollar mi propia condición física.

Ocasionalmente escuchamos casos de personas que dicen ser las más longevas del mundo. Lo que me sorprende en cada oportunidad es que muchas de ellas, como Robert Marchand, comenzaron algo nuevo a una edad relativamente tardía. En el 2015, la pianista y sobreviviente del cáncer Harriet Thompson de San Diego, California, a los 92 años, se convirtió en la mujer más anciana del mundo en completar una maratón. La primera vez que decidió correr una maratón tenía 76 años. Desde entonces, ha participado en maratones para recaudar más de 100.000$ para la Sociedad de Leucemia y Linfoma. En una entrevista después de una carrera dijo: "pienso que, si yo puedo hacerlo, todo el mundo puede hacerlo. Nunca he recibido entrenamiento para correr antes".

Cuando escuchas historias sobre personas mayores tan fuertes, las dudas o excusas pueden invadir tu cabeza. Mis motivos para presentar a estos individuos no es sugerir que nos ejercitemos profesionalmente como ellos, retándonos para participar en competencias o llevar nuestra condición física hasta los límites. Mi intención es darte esperanzas y sugerir que tenemos una gran cantidad de potencial para llevar vidas llenas de salud y vitalidad a cualquier edad, dependiendo de cómo nos cuidemos. Por supuesto, envejecer es un fenómeno natural que nadie puede evitar. Conforme envejecemos, la fuerza y las funciones de nuestro cuerpo pueden disminuir y desarrollar enfermedades importantes o menores. Pero tienes una elección. ¿Simplemente te rendirás y te verás envejecer conforme te alcanzan las enfermedades o gestionarás activamente tu salud y serás el dueño de tu cuerpo?

Quisiera agregar una idea sobre las personas que tienen enfermedades crónicas severas o discapacidades físicas, no una situación ordinaria. Puede que estas personas tengan una calificación de salud relativamente baja. Sin embargo, no ser saludables no quiere decir que no puedan alcanzar la felicidad o la paz.

Una mujer japonesa de 61 años que conozco, Yahata Chieko, ha sufrido a causa de los temblores de su cuerpo por una aparición temprana del Síndrome de Parkinson. Siempre tiembla cuando camina, inclinada hacia adelante y utilizando un bastón. Solamente utiliza la parte frontal de sus pies al caminar, por lo que las plantas de sus pies nunca tocan por completo el suelo. Siempre parece estar flotando en el aire. Ha puesto muchos esfuerzos en mejorar su condición entrenando su cuerpo en un centro de Yoga para el Cuerpo y el Cerebro. Un día en junio del 2011, a Yahata le ocurrió algo increíble en un programa de retiro que conduje en Japón. A través de una profunda meditación y una sanación colaborativa, pudo caminar con las plantas de sus pies tocando el suelo. Pudo bailar sin utilizar su bastón, levantando una pierna y después la otra. Los demás participantes aplaudieron y la felicitaron, y muchas personas se sintieron realmente conmovidas y derramaron lágrimas de alegría cuando la vieron bailando.

Fue un maravilloso día que Yahata nunca olvidará. Así lo describió: "pude, después de 40 años, ponerme de pie con las plantas de los pies tocando el piso. Para mí, ¡es un verdadero milagro! Cuando mis plantas tocaron el suelo, una hermosa sensación de felicidad se elevó desde mis pies. Pensé, ¡puedo ser así de feliz simplemente por caminar con mis plantas tocando el suelo! Realmente fue una felicidad que sentí por primera vez desde que nací. Mientras que muchas personas dicen que no son felices porque no tienen esto o lo otro, pienso que los seres humanos ya son bastante felices por caminar con las plantas de sus pies en el suelo y respirar, ¡y no hay mayor felicidad que esa!". Caminar de forma ordinaria era una importante bendición, incomparable con nada más en el mundo.

Mientras más has experimentado la pérdida de la salud, consideras con más detalle qué es saludable. No continúes limitándote al decir: "mi cuerpo es débil", "tengo una enfermedad" o "tengo una discapacidad". No puedes evitar cambiar si te mueves y te ejercitas un poco, incluso un poquito, todos los días. La energía de nuestra mente y de nuestro cuerpo cambia a través de las acciones que tomamos para superar las limitaciones, y poco a poco podrás experimentar valentía y confianza – "puedes hacerlo".

Los momentos en los que entrenas tu cuerpo y superas

tus limitaciones son momentos en los que te encuentras con tu verdadero ser y sientes con todo tu cuerpo que estás vivo. La alegría, sentido de recompensa y felicidad que se derivan de estos cambios son indescriptibles. El hecho de tener un cuerpo que puedes mover, que tengas consciencia y voluntad para moverlo, que sigas teniendo energía vital – estas cosas te llenarán de gratitud.

Probablemente hayas escuchado la historia de *Vida Sin Límites* de Nick Vujicic, que nació sin brazos ni piernas, con tan solo dos pequeños y deformes pies. Ahora le da la vuelta al mundo como un conferencista motivacional. Escribe utilizando los dos dedos de su pie izquierdo, opera su computador utilizando sus dedos de los pies y talón, y disfruta de nadar, pescar e inclusive jugar golf. "Disfruto mi vida. Soy feliz", dijo en una conferencia. "Intentaré levantarme 100 veces, y si fallo 100 veces, si fallo y me rindo, ¿me levantaré? ¡No! Si fallo, lo intento una y otra vez. Pero quiero decirte algo, este no es el final. Necesito buscar la valentía para volverme a levantar. Así [y se levanta]".

Hace un tiempo vi en la televisión coreana la historia de un hombre que sufría de una enfermedad estomacal. Dependía de los medicamentos estomacales que le daban en el hospital. Hay muchos pasos que conducen a Namsan, una montaña en el centro de Seúl, pero la enfermedad de este hombre no le permitía recorrer estos pasos. Hasta que un día tomó una decisión, "no podía seguir viviendo así". Empezó a desarrollar la fuerza muscular en sus brazos, piernas y la parte baja de su espalda, comenzó haciendo flexiones. Después practicó colocarse en parada de manos. Y varios años después, algo increíble sucedió: ese hombre, que una vez se había mantenido débil por su enfermedad, escaló los peldaños del Namsan caminando con sus manos boca abajo. Reportó que su enfermedad estomacal había desaparecido por completo y su cuerpo se había vuelto saludable.

Este hombre utilizó y dominó su cuerpo. "En adelante no sufriré de un cuerpo débil o de enfermedades estomacales, ni tampoco dependeré de los medicamentos; repararé mi propio cuerpo", decidió, y su poder de elección, el poder de sus acciones, hizo que esto fuera posible. ¿Si él no hubiese tomado esa decisión, hubiese podido hacer eso? La salud y el poder físico no pueden ser creados por otra persona. El poder de cambiarte depende únicamente de ti.

Cuando le dices a la gente que debe mejorar su fuerza física, generalmente se imaginan su entrenamiento con pesos pesados y corriendo en una caminadora en un centro de Fitness. Esas ideas pueden hacer que se entreguen al miedo, sin pensarlo demasiado, o se sientan decepcionados por dejar que se desvanezca su decisión poco tiempo después de registrarse en un centro de Fitness. ¿No hay forma de que podamos ejercitarnos en nuestras vidas diarias sin dedicar varias horas a hacerlo? Lo que sugiero es un *ejercicio oportunista*. Como lo sugiere su nombre, el ejercicio oportunista es un enfoque de estilo de vida que utilizamos para ejercitarnos cada vez que tenemos la oportunidad.

Desarrollé el ejercicio oportunista conforme comencé a experimentar los cambios físicos cuando tenía cerca de cincuenta años. Yo era cinturón negro en taekwondo, judo y hapkido cuando era joven, y podía ejercitarme por horas sin cansarme, pero no era una excepción a la hora de envejecer. Comencé a experimentar los síntomas de una disminución en mi energía física, fortaleza muscular y reflejos, además de la depresión y una disminución de la ambición. Mi vista empeoró, mis encías no estaban muy bien y gané peso, por lo que mi cuerpo pesaba más y mis rodillas estaban sufriendo. Habiendo pasado toda mi vida sin saber qué significaba estar enfermo físicamente, pensé: "oh, esto es lo que significa envejecer". Y me di cuenta, "si no hago nada, no quedará más que continuar debilitándome".

Esto realmente me llamó la atención. Escuché una voz que me decía que debía cambiarme a mí mismo. Pero ¿cómo podía devolver mi cuerpo a su fuerza previa? ¿Por dónde comenzar? Pensaba mucho en estas preguntas cuando comencé a hacer Ejercicio de Un Minuto y Caminar para la Longevidad, que explicaré con más detalles. Además de estos dos, la Sanación del Ombligo es una forma de ejercicios oportunistas que desarrollé recientemente. Estos no son ejercicios para los que tengas que reservar un tiempo especial; son ejercicios oportunistas que podemos practicar con frecuencia en nuestra vida diaria.

Puede que te preguntes cuán efectivos sean estos ejercicios, pero a través de mi propia experiencia, definitivamente puedo decirte que estos ejercicios funcionan. Mi cuerpo se volvió más ligero, más ágil y más fuerte gracias a estos ejercicios oportunistas. Incluso ahora, que tengo casi setenta años, todos los días utilizo la pared para hacer diez flexiones de pie, levantando mi cuerpo al doblar y estirar mis codos. Y cuando juego golf, llevo la pelota más lejos y con más precisión que cuando tenía 40 años.

Necesitamos desarrollar la potencia física para evitar ser

controlados por la condición de nuestro cuerpo. Entonces, describiré tres tipos de ejercicios oportunistas de acuerdo con el estilo de vida para dominar verdaderamente tu cuerpo y lograr una buena salud.

Ejercicio de un minuto

Al haber tenido que lidiar con un cronograma muy ocupado en la lectura de docenas de reportes, conocer a muchas personas y dar conferencias desde el amanecer hasta el atardecer todos los días, comencé a realizar ejercicios de un minuto porque no tenía tiempo para ir a un centro de Fitness y entrenar. No podía costearme perder un minuto de mi preciado tiempo.

Después de lavarme las manos en el baño, hago algunas flexiones contra la pared. Al sentarme en mi mesa para trabajar, utilizo mis puños o dedos para elevar y bajar mi cuerpo repetidas veces. O camino como un oso, con mis nalgas y rodillas en el aire y mis palmas y las plantas de mis pies en el suelo.

Para el Ejercicio de Un Minuto, una vez por hora hago un minuto de ejercicios vigorosos que trabajan efectivamente los músculos y elevan el ritmo cardíaco en un período corto de tiempo, como flexiones, sentadillas, saltos de tijera, saltar en un solo lugar o caminar como un oso. Es una buena idea configurar una alarma que suene cada hora como recordatorio. Esto quiere decir que estarás haciendo un minuto de ejercicios 10 veces al día. Hacer un ejercicio de intensidad moderada a alta puede causar dolor muscular, cuando esto ocurre, se pueden incorporar ejercicios más suaves como estirarse en lugar de los ejercicios de fuerza. Si tienes alguna discapacidad física o enfermedad, ejercítate de una forma adecuada de acuerdo con el estado de tu cuerpo y tu salud.

No hay ninguna razón por la que nada más debas hacer un minuto de ejercicios. Puedes hacer 5 o 10 minutos. Cuando tengas tiempo, combinar diversos ejercicios duplicará los efectos. Por ejemplo, si caminas como un oso después de haber hecho flexiones o sentadillas, tu corazón latirá más rápido, te quedarás más corto de respiración, tus músculos te dolerán y tu cuerpo sudará. Durante un corto periodo de tiempo, experimentarás los efectos de un ejercicio de alta intensidad, lo que aumenta tu ritmo cardíaco, capacidad pulmonar y la temperatura de tus músculos, además de entrenar tu fuerza muscular.

Pero si las condiciones no son las adecuadas para hacer más ejercicios, invierte al menos un minuto. Un minuto puede parecer un tiempo corto que pasa rápidamente sin mucho significado, pero no vas a creer lo largo que se percibe si estás haciendo flexiones por un minuto. Puede que incluso termines sentado, con tus músculos muy débiles, después de no haber logrado culminar el minuto. Pasa un minuto aguantando tu respiración para que puedas sentir cuán largo puede ser este tiempo. Si practicas utilizar correctamente los cortos períodos de tiempo durante el Ejercicio de Un Minuto, te motivará a utilizar el resto de tu tiempo de forma productiva y creativa.

Puedes lograr un efecto increíble a través de ejercicios de intensidad moderada o alta durante un minuto por hora. Es ampliamente conocido que permanecer sentado por períodos largos de tiempo tiene un efecto negativo para la salud. Al ejercitarte una vez por hora, puedes corregir este hábito. De acuerdo con la publicación *Medicina y Ciencias en los Deportes y el Ejercicio*, las personas que permanecen sentadas durante 23 o más horas a la semana tienen un 64 por ciento más de riesgo de sufrir enfermedades cardíacas que aquellas que permanecen sentadas menos de 11 horas. Los estudios han demostrado que reducir la cantidad de tiempo que permanecemos sentados cada día a menos de tres horas tiene el efecto de extender tu expectativa de vida dos años.

Si pasas la mayor parte de tu día en una silla o un sofá, incluso si te ejercitas en un centro de Fitness cuatro o cinco veces por semana, experimentarás el efecto activo de patata de sofá que se deriva de permanecer sentado un largo tiempo. Durante la vejez, las personas se suelen sentar a ver TV en lugar de trabajar. Recuerda, mientras más tiempo pases en el sofá aferrado al control remoto, más empeorará tu salud.

Un antiguo director de la División de Ciencias de la Vida de la NASA y autor de *Sentarse Mata, Moverse Sana*, el Dr. Joan Vernikos, dijo que la clave para una buena salud es ser tan activo como sea posible durante todo el día. Esto no quiere decir que tendrás que ejercitarte durante diversas horas al día, como un atleta. Significa que deberías mover tu cuerpo siempre que tengas la oportunidad. Mientras más te muevas, mejor. Idealmente, lo mejor es levantarse y mover el cuerpo cada 15 minutos. Incluso realizar movimientos simples y ordinarios está bien. Los movimientos intermitentes que rompen el hábito de sentarse de forma ininterrumpida son importantes para maximizar la calidad de vida.

Diversos fenómenos físicos suceden cuando te ejercitas. Tu ritmo cardíaco se eleva y aumenta tu volumen de sangre por latido para hacer circular el oxígeno más rápidamente a tus músculos y eliminar las toxinas de tus células. Tu ritmo de respiración aumenta y tus pulmones se expanden y contraen con mayor frecuencia para descargar las toxinas y enviar más oxígeno a la sangre.

Los cambios ocurren en más de 20 metabolitos durante el ejercicio, según han demostrado los estudios. Algunas de esas sustancias queman calorías y otras ayudan a estabilizar el azúcar en la sangre. Segregada durante el entrenamiento de fuerza, la testosterona aumenta la síntesis proteica, suprime el daño proteico, activa células satelitales y estimula la segregación de diversas hormonas anabólicas. Adicionalmente, los ejercicios causan cambios biológicos que fortalecen y renuevan el cerebro, particularmente en áreas asociadas con la memoria y el aprendizaje.

Hacer ejercicios con una intensidad de moderada a alta hace que tu temperatura aumente conforme sudas. Esto no solamente llenará de vigor tu cuerpo que solía ser lánguido, también se instala en el reino de tu mente. Tu mente realmente se despertará y estará más alerta después de un minuto de ejercicios, en resumen, tu espíritu se enfoca. Es por esto que los pensamientos de distracción desaparecen y tu concentración aumenta, con el tiempo desarrollarás confianza y pasión.

Un elemento importante de los Ejercicios de Un Minuto es que el ejercicio debe estar incorporado a la vida diaria, no debe estar separado de la misma. Si haces un minuto de ejercicios por cada hora de tu vida diaria, encontrarás el Cielo que yace dentro de ti y llevarás una vida que resuene en plenitud y creatividad. En este sentido, también llamo al Ejercicio de Un Minuto: *Vida Tongchun* (una vida en comunión con el Cielo).

Practicamos la Vida Tongchun para mantener nuestras consciencias despiertas. Sin eso, realmente no existimos. Aunque tenemos una consciencia, no es una consciencia viva si no la despertamos. Practicamos la Vida Tongchun todas las horas para mantenernos despiertos. Entonces, nuestros hábitos y constitución cambiarán. Cambiamos a tener una constitución que nos permita responsabilizarnos por nuestra propia salud, una constitución que nos permita crear nuestra propia felicidad y paz.

Hace unos treinta años, cuando comencé a enseñar métodos de entrenamiento del cuerpo y la mente que creé, les ofrecí un entrenamiento de uno a uno al Director Juyung Chung, fundador de Hyundai, y al Director Jonghyun Choi, fundador del SK Group, ambas corporaciones globales. Al observar a estos hombres, sentí que había algo diferente sobre ellos. Sus constituciones eran diferentes a las de las demás personas. Más que cualquier otra cosa, trabajaban duro, utilizaban su tiempo efectivamente y tenían un enfoque poco común. En otras palabras, sus personalidades hacían que el éxito fuera inevitable para ellos. Esto aplicaba particularmente para el Director Chung, que nada más había recibido una educación primaria. No era su buen récord académico o su ambiente lo que lo habían llevado al éxito; era su estilo extraordinario de vida.

Lo importante es cambiar tu estilo de vida, la forma en la que vives. Formar un fundamento y unos hábitos en tu vida diaria que puedan hacerte saludable. Es evidente que los malos hábitos empeoran tu salud. La vida se crea a partir de los hábitos. Es difícil cambiar en un día los hábitos que has desarrollado durante un período largo de tiempo. Es por esto que te digo que rompas con tus hábitos pasados como haces un minuto de ejercicios en una hora. Piensa en esto como tomar la espada de tu voluntad y cortar con estos hábitos antiguos. Y estarás introduciendo nuevos hábitos al repetir constantemente acciones nuevas y positivas.

El Ejercicio de Un Minuto se trata de encontrar el tiempo para romper los patrones habituales y cuidar de tu cuerpo y de ti mismo. Es una acción intencional de enfocarte en ti mismo, estar presente y ser consciente. Una vez que comiences a hacerlo, naturalmente empezarás a preocuparte por otras áreas de tu vida también.

Se darán muchos cambios si realizas el Ejercicio de Un Minuto por un mes, dos meses, tres meses. Experimentarás cambios psico-químicos en tu cuerpo y cambios emocionales en tu mente, y te descubrirás desarrollando un nuevo estilo de vida para mover tu cuerpo sin importar lo demás. Solemos pasar nuestro tiempo letárgicamente, viendo hacia el espacio y con frecuencia perdemos mucho tiempo en preocupaciones o pensamientos de distracción. Podemos liberarnos de estos momentos a través del Ejercicio de Un Minuto. Cuando nos sentimos estresados, podemos liberar nuestro ánimo y sacudirnos esa energía paralizante.

Conforme hacemos el Ejercicio de Un Minuto una vez por hora, les decimos a nuestros cuerpos y emociones, "yo soy el dueño". Entonces, podemos gestionar nuestro tiempo utilizando la próxima hora más productiva y creativamente. Al escapar de la energía débil y perezosa del cuerpo y las emociones, podemos despertarnos y prestar atención. Cuando gestionamos nuestra condición física, terminamos gestionando nuestro tiempo, emociones y metas, y estas se combinan en la gestión de nuestra vida.

Un minuto de ejercicios también puede llamarse *un minuto de iluminación*. En la filosofía tradicional del este, la iluminación es la experiencia de *no-ser*, un estado en el que el ego desaparece. Para alcanzar el estado de no-ser, se piensa generalmente que hay que pasar por un proceso extremadamente difícil de práctica ascética. En el momento en que haces un minuto de ejercicios, puedes experimentar un estado de no-ser, es decir, un estado libre de pensamientos. Tu mente se enfoca en tu cuerpo y los demás pensamientos desaparecen.

Intenta hacer flexiones durante un minuto sin descansar. Tus pensamientos se enfocarán en lo que siente tu cuerpo y no tendrás más pensamientos en absoluto. ¿Vienen a tu mente preo-cupaciones sin sentido o comida deliciosa cuando estás luchando para hacer una flexión más? Probablemente no. La mejor forma de simplificar tus pensamientos es enfocarte en la consciencia de tu cuerpo. Cuando tu mente está enfocada aquí, los pensamientos de distracción se apagan. Las luces de tu cabeza se apagan y se encienden en tus abdominales. Estás haciendo una profunda impresión en tu cuerpo una vez por hora.

Lo mejor de todo es que los Ejercicios de Un Minuto aumentan tu nivel de pasión. A través de la pasión puedes echar un vistazo a tu voluntad de vivir. ¿Qué tanta pasión tienes? No es una exageración decir que la respuesta de esta pregunta determina la vida de una persona. Mantener la pasión no es fácil para las personas mayores que no tienen mucho que hacer después de haberse retirado. Es fácil para ellos pensar que son demasiado viejos para entregarse por completo, con pasión, a algo nuevo. Pero la pasión no es algo que desarrolles porque eres joven o porque tengas un buen ambiente. Tampoco debes esperar que otras personas inspiren una gran pasión en ti, o que se avivará de nuevo a través de un mejor ambiente externo. La pasión es algo que puedes hacer y desarrollar tú mismo.

Los Ejercicios de Un Minuto son una forma excelente de aumentar el nivel de pasión dentro de ti. Realmente puedes sentirte vivo a través del latir de tu corazón, a través de la respiración que llena tus pulmones, a través de la fuerza de tus músculos que duelen por el entrenamiento. Este es el momento en el que aumentas la temperatura de tu pasión. "De ahora en adelante, me responsabilizaré por mi salud. Crearé mi vida". Toda esta voluntad, confianza y pasión emergerán de ti. La pasión es esperanza. Enciende el fuego de tu pasión a través del Ejercicio de Un Minuto.

He desarrollado una aplicación para ayudar a las personas a adoptar el Ejercicio de Un Minuto como un hábito diario. Puedes aprender más sobre la aplicación y descargarla gratis en 1MinuteChange.com.

Caminar para la Longevidad

Un accidente me llevó a desarrollar la idea de Caminar para la Longevidad. En el 2006, el año en que cumplí 56 años, me lastimé la parte baja de la espalda en un accidente montando a caballo. Ocurrió en Sedona, Arizona, estaba subiendo una montaña cuando el caballo repentinamente se detuvo. Normalmente me mantenía siempre ocupado, corriendo entre reunión y reunión, en conferencias y viajes de negocios. Sin embargo, después del accidente, pude dedicarme, por primera vez en mucho tiempo, a enfocarme completamente en mi cuerpo para poder recuperarme. Un día, me di cuenta de que la forma en que caminaba había cambiado. Ya no tenía el impulso potente de mi juventud. En algún momento me había comenzado a acostumbrar a lo que llaman en Corea la Marcha del Director, inclinándome hacia atrás con mi peso sobre los talones.

Entonces comencé a buscar diferentes formas de caminar. Caminé cuidadosamente dando un paso a la vez, cambiando mi postura y ángulos, aprendiendo como un niño pequeño, y observé cuidadosamente cómo cambiaban las sensaciones en mi cuerpo. También estudié la forma de caminar de las personas que me rodeaban. La forma en que caminaban las personas mayores era muy diferente a aquella caminaban los jóvenes.

En esa investigación nació Caminar para la Longevidad. Esta forma de caminar involucra alinear tus pies en paralelo, como el número 11, y presionar desde el *yongchun* (el punto de energía que se encuentra justo debajo de la planta de tus pies), flexionando hasta la punta de los dedos. Caminando de forma placentera y determinada, cargando mi peso sobre la parte delantera de mis pies, sentía cómo mi humor mejoraba realmente mientras desarrollaba mi cuerpo. Caminaba en mi habitación, en caminos o incluso en los campos de golf, utilizando este método. Caminé con pasión, creando continuamente razones para avanzar y lo encontré realmente fascinante.

Tal vez unos cinco meses después de haber incorporado Caminar para la Longevidad como un hábito diario en mi vida, comencé a sentir mi cuerpo llenarse de vigor, como cuando era joven. Me sentía increíblemente más ligero y ágil. Feliz y agradecido simplemente por poder caminar sobre mis dos piernas, me di cuenta de que caminar era más que un simple medio de movimiento, podía también ser un método para promover la salud y, adicionalmente, una forma de experimentar la alegría. La mentalidad que tienes cuando caminabas es extremadamente importante. Los rostros de las personas más ocupadas que simplemente arrastran los pies, caminando únicamente para trasladarse desde el punto A hasta el punto B, están llenos de preocupaciones, pero la expresión de las personas que caminan con alegría, pensando en caminar como una forma de ejercitarse, suelen estar iluminados y llenos de dicha. Descubrí que la salud, felicidad y paz no están lejos, pueden encontrarse en una caminata.

Caminar para la Longevidad es una forma sencilla y fácil de caminar. Por lo que muchas personas tenían dudas cuando presenté Caminar para la Longevidad. "¿Qué efecto tendrá esto?". Pero aquellos que lo han experimentado saben que incluso caminar un poquito puede tener un increíble efecto en corto tiempo. Cuando escuchas a las personas contar sus experiencias con Caminar para la Longevidad, encontrarás que sus historias tienen todas algo en común.

- No me había dado cuenta de que caminar fuera tan importante.

- Caminar es muy divertido y emocionante.

- El dolor que sentía en mis pies y piernas se ha desvanecido, ahora se sienten más ligeras.

- Solía sufrir de insomnio, pero ahora puedo dormir profundamente.

- Mi contextura ha mejorado, mi cuerpo se siente más liviano.

- Solía sentirme ansioso y tenso, pero ahora siento mucha más paz mental.

- Mi cuerpo tiene más energía y mi cabeza está más clara, por lo que mi enfoque en el trabajo ha mejorado.

Alterar una cosa, la forma en que caminas, puede generar importantes cambios.

La mayoría de nosotros caminamos sin pensar en nada en particular. Realmente no estamos interesados en la forma en que caminamos. Nadie nos critica por caminar a nuestro modo, cualquier cosa que encontremos cómoda. No aprendemos mucho sobre caminar en la escuela, y no nos preocupamos por la planta de nuestros pies. Pero nuestra calidad de vida cambia dependiendo de la forma en que demos nuestros pasos. En lugar de simplemente caminar porque tienes que desplazarte, repítete a ti mismo "me ejercitaré conforme camino", entonces caminar se convertirá en una forma de promover la salud para una vida más longeva, un medio para crear la felicidad.

Conforme perdemos masa muscular y nuestro esqueleto se reforma cuando envejecemos, la forma en que caminamos va cambiando. Más allá de los 60 años, nuestra postura se vuelve más encorvada, comenzamos a balancearnos, arqueamos nuestras zancadas debido a que no podemos extender completamente las rodillas. El debilitamiento de las rodillas provoca que el centro de gravedad del cuerpo se eleve de la planta de los pies a la parte baja de la espalda. Posteriormente, cuando nuestra espalda se debilita, nuestros hombros y cuellos se tensan.

Caminar para la Longevidad nos devuelve a la forma de caminar pura y saludable que teníamos cuando éramos niños. Los niños energéticos ponen su peso en la parte frontal de sus pies conforme dan un paso, los cuerpos se inclinan hacia adelante como si se fueran a tropezar. No caminan lentamente con sus manos tras la espalda, sino con una inclinación viva y aventurera hacia lo que viene adelante. Para devolver una marcha de anciano a una marcha juvenil, debemos volver a entrenarnos para aprender a caminar.

Asume la postura básica de Caminar para la Longevidad colocándote cómodamente de pie y enfocándote en los puntos de acupresión en las plantas de tus pies, llamados yongchun El punto yongchun está ubicado en el espacio hueco en la planta de cada uno de tus pies a un tercio de la base de tus talones. Ponte de pie con tu atención en los puntos yongchun y los dedos de tus pies aferrados al suelo. Tu cuerpo se sentirá más balanceado conforme tu peso se dispersa en la planta de tus pies y la tensión surge a tus rodillas, caderas y torso en la parte baja del abdomen. Continuando, la energía se conecta con tu pecho, cuello, coronilla, estimulando tu cerebro. Ahora intenta caminar, imaginando que tu cuerpo está conectado desde tus puntos yongchun hasta tu coronilla. Puedes maximizar el poder de sanación natural de tu cuerpo cuando activas tu energía desde la punta de tus dedos y restauras la fuerza original de la vida a través de la acupresión.

Caminar para la Longevidad es diferente de caminar de forma corriente en el sentido de que se activa tu cerebro al tensar las plantas de tus pies. Los dedos de los pies son el lugar en donde hay mayor cantidad de nervios conectados con tu cerebro. Para flexionar adecuadamente los dedos de tus pies, realmente debes presionar tus puntos yongchun y dedos de los pies. En la medicina oriental, los puntos yongchun son considerados los puntos meridionales más importantes del cuerpo. La palabra yongchun contiene este significado: "La energía ki de la vida del cuerpo humano se acumula como una fuente de agua desde la tierra". El poder que es transmitido al cerebro es diferente dependiendo de qué tan bien presiones los puntos yongchun y los dedos de tus pies.

Si haces una encuesta en las villas alrededor del mundo con poblaciones longevas, encontrarás que muchas de ellas se encuentran en regiones con colinas o montañas. Subir y bajar las colinas desde la mañana hasta el atardecer es una forma de caminar que pone el peso en la parte delantera de la planta de los pies.

La energía se hunde naturalmente en tus plantas al presionar los puntos yongchun conforme caminas. Las plantas de tus pies se calientan y tu cabeza se enfría porque la energía de fuego que

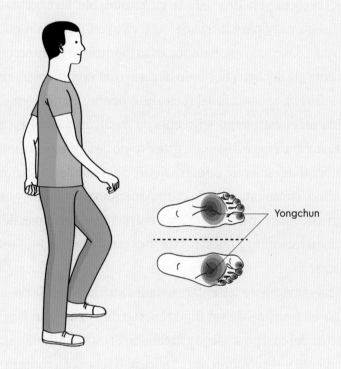

Yongchun

CAMINAR PARA LA LONGEVIDAD

1. Pon tu peso en tus puntos de energía yongchun.

2. Mantén tus pies paralelos, como un número 11.

3. Presiona hacia los puntos yongchun y aprieta los dedos de los pies uniéndolos.

4. Camina con la sensación de unir las plantas de tus pies con tu cerebro.

se eleva por el estrés ahora puede volver a bajar. Mantén la cabeza fría y los pies calientes, en la medicina oriental se decía que ese era el secreto para una vida larga y saludable. La energía cálida del fuego y la energía fría del agua fluyen juntas en nuestros cuerpos. Cuando este balance es armonioso e ininterrumpido – la energía del agua flotando hacia arriba y manteniéndose fría en la cabeza, la energía del fuego hundiéndose y manteniéndose cálida en el estómago – un cuerpo ha alcanzado el estado de *Agua Arriba, Fuego Abajo*. En este estado de circulación, nuestros cerebros, además de nuestros cuerpos, pueden funcionar al máximo. No solamente se acumulará nueva vitalidad y energía dentro de nosotros, nuestra concentración y capacidad de juicio también mejoran, y nuestras mentes pueden estar más estables y pacíficas.

La mayoría de las enfermedades sufridas por las personas mayores resultan de un flujo reverso de la energía: la energía caliente del cuerpo se eleva a la cabeza. Si esto continúa, la cabeza se calienta y el pensamiento se hace poco claro. La concentración cae y en los casos más severos puede generar dolores de cabeza e insomnio. Los trabajadores mentales que utilizan mucho sus cabezas sin mover sus cuerpos necesitan esforzarse aún más en hacer de Caminar para la Longevidad un hábito, debido a que una gran parte de la energía ha subido a sus cabezas.

Otro punto sobre Caminar para la Longevidad es que los pies se mantienen paralelos, como el número 11. La mayoría de las personas físicamente débiles o poco saludables caminan con las puntas de los pies apuntando hacia afuera, lo que permite que la energía del cuerpo se filtre lentamente. Caminar de esta forma durante un largo período de tiempo dañará tus rodillas, desalineará tus caderas y causará dolores discales o lumbares. También genera un exceso de presión sobre los músculos y huesos, causando una deformación del cuerpo. Pero si caminas con tus pies paralelos, tus piernas y la parte baja de tu torso se tensan, y la parte baja de tu espalda se enderezará. Cuando la columna está derecha, la energía y la sangre circulan suavemente y el flujo de fluidos cerebroespinales mejora, lo que resulta en una mente más clara.

Es bueno empujar tu coxis ligeramente hacia adelante al Caminar para la Longevidad. Cuando halas hacia adelante el área de tu coxis, los músculos esfínteres y anales se contraen, permitiendo que la energía se acumule de forma más eficiente en la parte baja de tu estómago. La parte baja de tu abdomen se hace más cálido y la energía sube por tu columna, desde el coxis, y la circulación de sangre y energía de todo tu cuerpo es potenciada conforme la energía ki se acumula en tu centro.

Con frecuencia, lo primero que viene a la mente de las personas cuando están cansadas o en malas condiciones físicas es que desean acostarse. En vista de que la energía va disminuyendo con la edad, las personas tienden a dedicar más tiempo a mantenerse activos. Sin embargo, mientras más tiempo estés acostado, más débil será tu cuerpo. Probablemente habrás tenido la experiencia de estar completamente agotado incluso al haber dormido lo suficiente durante el fin de semana. Eso es porque estuviste acostado demasiado tiempo sin un buen flujo de la energía ki por tu cuerpo. Cuando te levantas después de dormir, naturalmente tu cuerpo se sentirá menos activo, sin energía. Si realmente deseas acostarte, hazlo después de haber puesto tu energía y sangre a circular practicando Caminar para la Longevidad durante unos cinco o diez minutos. Entonces podrás dormir profundamente y despertarte más fresco.

Hace unos 2.500 años, Hipócrates dijo: "Caminar es la mejor medicina para el hombre". Caminar es un ejercicio para todo el cuerpo que moviliza los más de 600 músculos que componen nuestro cuerpo y los más de 200 huesos que se mueven con ellos. En particular, estimula los muchos nervios que se estiran desde la planta de nuestros pies y promueve una circulación activa de la sangre y el metabolismo en las piernas, por lo que juega un papel muy importante a la hora de entrenar los músculos de la parte baja del cuerpo y ayudar a prevenir el envejecimiento.

Caminar es una forma de proveer efectivamente oxígeno al cerebro. Aunque representa apenas 2 por ciento del peso corporal, el cerebro es la parte del cuerpo que utiliza la mayor cantidad de energía. Utiliza el 15 por ciento de la sangre que sale del corazón y alrededor del 25 por ciento del oxígeno que ingresa en el cuerpo a través de la respiración, incluso durante el descanso. Si el suministro de oxígeno del cerebro es interrumpido, aunque sea durante 15 segundos, una persona pierde la consciencia; a los cuatro minutos, las células del cerebro sufren daños irreparables. Cuando la actividad celular del cerebro disminuye, la mente está en un estado de confusión, la concentración disminuye y la ambición desaparece. Al mover las piernas, que a veces son llamadas el segundo corazón, puedes asistir el movimiento del corazón. Esto facilita la circulación de la sangre, lo que resulta en un mejor suministro de oxígeno y te permite mantenerte en buena salud desde la coronilla hasta la punta de tus dedos.

Caminar no solamente retrasa el envejecimiento asociado con el cerebro, como la disminución de su tamaño y una reducción de sus funciones, sino que también puede aumentar el tamaño del cerebro. El Dr. Kirk I. Erikson de la Universidad de Pittsburgh descubrió un aumento del 2 por ciento en el tamaño del hipocampo, que regula la memoria, en personas entre las edades de 60 y 80 años que caminaban entre 30 y 45 minutos por día, tres días por semana, durante un año. En concordancia, si no utilizamos nuestro cuerpo, nuestras funciones están destinadas a disminuir. Como ejemplo, si te lesionas una pierna y tienes que utilizar una férula por un largo tiempo, verás al retirar la férula que la pierna que ha sanado está más delgada que la otra pierna. Una prueba estudió cómo se atrofiaban los músculos en hombres fuertes y saludables cuando pasaban tres semanas acostados sin moverse. Mientras que los músculos de los brazos se mantuvieron iguales, los músculos de sus piernas se hicieron 15 por ciento más delgados. Con nueve semanas de entrenamiento, los músculos de la pierna atrofiada pudieron regresar a su condición original. Además, las personas deben dedicar tres veces más tiempo reconstruyendo los músculos que el tiempo que les tomó perderlos.

Se dice que las piernas ocupadas duran toda la vida. Nuestras piernas son nuestra fuente de vitalidad. La vitalidad del cuerpo humano depende de qué tan bien podamos mantener nuestros músculos, y alrededor del 30 por ciento de nuestros músculos están en las piernas – o más del 40 por ciento para el caso de los atletas. Mientras más músculos tengas en tus piernas, más energético eres. En concordancia, mientras menos músculos tengas, menos energía tendrás. Las personas mayores pueden sufrir con facilidad fracturas porque pierden masa muscular. En lugar de culpar a tu edad si tus piernas comienzan a tambalearse demasiado al subir las escaleras, comienza a entrenar ahora mismo para desarrollar fortaleza en tus piernas.

Puedes promover la salud en tu vida diaria de forma simple y natural a través de la práctica de Caminar para la Longevidad. Y automáticamente serás más feliz y estarás más en paz al mejorar tu salud física. Serás más generoso con las personas que te rodean, y desarrollarás un deseo por ayudarles. Es por esto que pienso que una mala salud es el punto inicial de todos los problemas.

Seongcheol Moon, un ortopedista de 65 años que ha trabajado en la isla de Jeju en Corea del Sur durante más de 35 años, cree que Caminar para la Longevidad alivia rápidamente el dolor en el sistema musculoesquelético de sus pacientes al corregir los desbalances en el esqueleto. Él ha visto muchos pacientes con anomalías esqueléticas causadas por su profesión. Al utilizar la técnica de Caminar para la Longevidad en su tratamiento, ha visto a muchos pacientes experimentar mejoras en el dolor de las rodillas, dolor de las caderas, dolor lumbar, dolor cervical o dolor en los hombros, además de dolores de cabeza, como resultado de la realineación de la columna.

Un ejemplo típico es su propia esposa. Ha sufrido durante más de dos décadas de huesos débiles y articulaciones genéticamente débiles. Ella también era una doctora, por lo que probó en primer lugar todos los tratamientos que le ofrecía la medicina moderna. Si eran efectivos, el Dr. Moon los aplicaría a sus propios pacientes.

Sin embargo, ninguno de estos tratamientos logró aliviar por completo sus dolores y edemas intermitentes. Caminar u otras formas de ejercicio causaban dolores severos en sus rodillas, lo que hacía difícil para ella seguir ejercitándose, entonces el Dr. Moon tuvo que escuchar las críticas de su esposa, quien lo acusó de ser un "ortopedista que ni siquiera puede reparar la pierna de su esposa".

Después de que le enseñé Caminar para la Longevidad, comenzó a dedicar una hora al día a caminar con su esposa en una montaña cercana a su clínica. Comenzaron primero con caminatas cortas y gradualmente fueron aumentando las distancias. Caminaban un poco lento al principio para poder estar conscientes de los puntos yongchun y realmente llevar la consciencia al cerebro. Previamente, la esposa del Dr. Moon había estado enfocando su atención en su rodilla adolorida al caminar. Pero dijo que su consciencia había pasado a la planta de sus pies y su cerebro al Caminar para la Longevidad, su cuerpo entero pareció haberse enderezado. Después de un mes, dejó de sentir dolor, su actividad física aumentó, su grasa corporal disminuyó y comenzó a desarrollar más confianza alrededor de su rodilla adolorida. Pudieron escalar el Monte Halla, la montaña más alta de Corea del Sur, lo que hubiera sido prácticamente inimaginable antes.

Con base en las experiencias de su esposa, el Dr. Moon ahora enseña y recomienda Caminar para la Longevidad a sus pacientes. Incluso aquellos que inicialmente no querían caminar a causa del dolor, le dijeron que sus cuerpos se hacían más fuertes y la molestia disminuía conforme aumentaban gradualmente su tiempo caminando con la postura adecuada. Aunque hay muchos

enfoques para caminar de forma correcta, el Dr. Moon recomienda Caminar para la Longevidad como una técnica altamente
efectiva para relajar rápidamente la tensión física, corregir los
desbalances físicos y aliviar el dolor crónico.

He desarrollado una guía detallada de Caminar para la
Longevidad con instrucciones paso a paso e ilustraciones para
personas que están interesadas en este método. Puedes descargarla en Live120YearsBook.com.

Sanación del Ombligo

Como una tercera forma de ejercicios oportunistas para proteger
tu salud, te sugiero la Sanación del Ombligo. Este es un método
de autosanación que promueve la salud del cuerpo y la mente al
estimular el ombligo, que se considera un punto de activación.
He desarrollado una gran cantidad de prácticas de salud para la
mente y el cuerpo durante los últimos 37 años, pero siempre he
deseado encontrar métodos más fáciles y poderosos. La Sanación
del Ombligo es tan simple como Caminar para la Longevidad,
pero el área del cuerpo estimulado es tan poco usual que las
personas con frecuencia se sorprenden y preguntan: "¿qué
acabas de decir?". Después de haber experimentado la Sanación
del Ombligo directamente, de nuevo se ven sorprendidas por el
poder y efectividad de estos simples movimientos.

La idea básica de la Sanación del Ombligo es comprimir
de forma rítmica y repetida el ombligo, como lo explicaré. Las
mejorías reportadas por las personas que han experimentado

la Sanación del Ombligo incluyen una buena digestión, mejor sueño, mejor ánimo, mayor energía y un alivio del dolor. ¿Por qué un movimiento tan simple tiene tal variedad de efectos? La respuesta está en la locación del ombligo. Es el centro del cuerpo humano, el centro del abdomen. Alrededor del ombligo se encuentran la mayor parte de los órganos que mantienen la vida, incluyendo los órganos digestivos, circulatorios, respiratorios y el sistema inmunológico. Promover una buena digestión, facilitar la circulación de la sangre, respirar profundamente y fortalecer el sistema inmune son componentes esenciales para una buena salud. El botón que enciende todo esto al mismo tiempo es el ombligo.

Por supuesto, para realmente comprender la Sanación del Ombligo, necesitas experimentarla directamente. Comienza acostado cómodamente sobre tu espalda. También puedes estar sentado si no puedes acostarte en ese momento. Relaja tu cuerpo y mente y realmente intenta sentir la condición del primero – el ritmo de tu respiración, el sentido de la vitalidad y la temperatura de tu estómago y piernas. Ahora une la punta de tus dedos índice, medio y anular de ambas manos y utilízalos para presionar tu ombligo repetidas veces. Cierra tus ojos y concentra tu atención en el ombligo, presionándolo rítmicamente alrededor de 100 veces por minuto. Puedes aumentar la cantidad de repeticiones conforme te acostumbras al ejercicio. También hay una herramienta especial llamada Vida de Sanación que desarrollé para hacer correctamente la Sanación del Ombligo, puedes utilizarla si la tienes.

Si tienes una sensación de constricción en tu pecho, exhala

naturalmente a través de tu nariz o boca para descargar el aire y la energía estancados en tu pecho. Deja de presionar tu ombligo después de 100 a 300 repeticiones.

Manteniéndote en una postura cómoda, cierra tus ojos y respira, concéntrate en tu ombligo y en la parte baja de tu abdomen para comenzar con la Respiración del Ombligo. El proceso básico es simple. Sin embargo, para maximizar la Respiración del Ombligo, debes agregar tu imaginación al ejercicio. Visualiza un agujero de respiración en tu ombligo, como si tu nariz se hubiera mudado a la parte media de tu estómago. Al exhalar, concentra tu atención en tu ombligo al contraerlo, llevándolo hacia tu espalda. Imagina que la energía de la vida está siendo inyectada en tu abdomen a través de tu ombligo y visualiza tu estómago inflándose y desinflándose repetidas veces como un balón de goma.

Conforme tu respiración se hace cada vez más profunda y cómoda, sentirás que te están llenando de energía vital, al igual que cuando estabas en el vientre de tu madre y la recibías a través del cordón umbilical, como si estuvieras regresando a ese tiempo infinitamente cómodo y pacífico cuando recibías el amor de tu madre en ese lugar seguro y tranquilo. En lugar de sentir que eres un organismo separado, tendrás un sentido de estabilidad y unidad, de estar conectado con tu madre a través de tu ombligo.

Después de no más de cinco minutos haciendo esto, tu respiración se hará más profunda y natural, tu abdomen e incluso la parte inferior de tu cuerpo se harán más cálidos, y tu cabeza estará más clara. Estarás recargado de energía vital y al mismo tiempo te sentirás más relajado. Tantos efectos positivos en un tiempo tan corto - ¿no es increíble?

El efecto más directo de la Sanación del Ombligo es la mejora de la salud intestinal. Además de gestionar la digestión de la comida, absorción de nutrientes y excreción de desechos de nuestro cuerpo, nuestros intestinos están altamente involucrados en el proceso de desintoxicación e inmunidad. Estudios recientes sobre la microbiota intestinal y la condición del intestino y el cerebro también han revelado que nuestros intestinos están ampliamente relacionados con nuestras emociones y pensamientos.

El órgano estimulado de forma más directa a través de la Sanación del Ombligo es el intestino delgado, ubicado inmediatamente por debajo del ombligo. Al presionar de forma rítmica y regular el ombligo se activa la peristalsis de los músculos del intestino delgado, lo que ayuda con la digestión y ayuda a que los movimientos intestinales sean más regulares y ligeros. Alrededor del 30 o 40 por ciento del volumen total de la sangre de tu cuerpo fluye a través de los órganos abdominales. Al presionar y estimular tu ombligo, puedes aumentar efectivamente la circulación de la sangre en tu abdomen, facilitando el suministro de oxígeno y nutrientes a todo tu cuerpo. Mientras que los hábitos alimenticios saludables son fundamentales para la salud de tus intestinos, la Sanación del Ombligo tiene la gran ventaja de poder contribuir sustancialmente a la salud de los intestinos a través de un ejercicio simple, incluso sin comida o medicamentos.

Adicionalmente, los nodos linfáticos abdominales se concentran alrededor del ombligo. Los nodos linfáticos son órganos del sistema inmunológico. La Sanación del Ombligo asiste en las reacciones inmunológicas y en la excreción de los productos de desecho al estimular apropiadamente estos nodos linfáticos para facilitar el flujo del fluido linfático.

Los investigadores se han hecho cada vez más conscientes de la importancia de la función inmunológica de los microorganismos intestinales. De trescientas a mil especies de microbios viven en los intestinos, un ambiente que se conoce como la microbiota intestinal. Los microbios del intestino no solamente digieren la comida y crean vitaminas y hormonas, también detienen a los agentes patógenos. El sistema inmunológico entérico, que incluye la actividad de las células inmunes y los microbios en los intestinos, representa entre un 70 y 80 por ciento de la inmunidad del cuerpo. La Sanación del Ombligo ayuda a mejorar el ambiente del intestino y aumentar la temperatura abdominal al ejercitar el intestino y promover la circulación de la sangre y del oxígeno en los intestinos, lo que resulta en una mejoría en la inmunidad.

De hecho, la ciencia ha descubierto que las neuronas que manejan al intestino desde el esófago hasta el ano, es decir, todo el sistema nervioso entérico (SNE), pueden operar de forma independiente al resto del cerebro. Al igual que tu cerebro, el SNE tiene células que reciben información, células que la procesan y células que le dicen a tu sistema digestivo qué hacer. Incluso si las conexiones entre el sistema nervioso entérico y el cerebro son interrumpidas o si el cerebro deja de funcionar, el SNE puede continuar haciendo su trabajo. Es por esto que el SNE y sus células relacionadas son conocidas como un segundo cerebro o el cerebro intestinal.

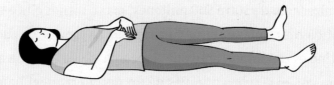

SANACIÓN DEL OMBLIGO

1. Puedes hacer la Sanación del Ombligo tumbado o de pie.

2. Relaja tu cuerpo y respira cómodamente durante un minuto mientras te enfocas en la parte baja del abdomen.

3. Presiona tu ombligo con las puntas de los dedos medios de ambas manos de forma rítmica, repetida y consciente, alcanzando entre 100 y 300 repeticiones.

4. Después de terminar, dedica un par de minutos a enfocarte en tu respiración, sintiendo tu cuerpo más relajado y fresco.

Puedes utilizar una vara de Sanación del Ombligo, una herramienta diseñada especialmente para esta práctica, para una aplicación más fácil y efectiva.

Mientras que el cerebro de tu cabeza contiene alrededor de 100 mil millones de células, el cerebro que está en el intestino tiene alrededor de 300 a 500 millones, más o menos cinco veces la cantidad de células de la médula espinal. La función de nuestro intestino es tan importante que tiene una vía de comunicación directa con el cerebro a través de un nervio craneal llamado el nervio vago. Más de 2.000 fibras neurálgicas conectan al cerebro de la cabeza con el de los intestinos, lo que permite que los dos cerebros se comuniquen de forma cercana y rápida. Por esta razón, cuando se desarrollan problemas en los intestinos, el cerebro se ve afectado inmediatamente; de la misma forma, cuando se desarrolla algún problema en el cerebro, se desarrollan problemas en los intestinos. ¿Alguna vez has tenido un dolor de estómago al escuchar una mala noticia o por los nervios? ¿Alguna vez has tenido dolor de cabeza cuando tienes gases estomacales o estreñimiento? Esto muestra una conexión cercana entre los intestinos y el cerebro.

La influencia del cerebro del intestino sobre el cerebro de la cabeza va incluso más allá. Por ejemplo, las neuronas y las células que producen hormonas en el intestino generan señales químicas que afectan a nuestras emociones. Aproximadamente el 50 por ciento de nuestra dopamina, el neurotransmisor que nos permite sentir placer o reconocimiento, se crea en el cerebro del intestino. Más del 95 por ciento de nuestra serotonina, el neurotransmisor que nos permite tener sentimientos de felicidad y bienestar, también son generadas en el intestino, mientras que tan solo el 3 por ciento es segregado del cerebro.

La serotonina y la dopamina afectan el humor, la motivación, el sueño, el deseo y función sexual, memoria, aprendizaje y el comportamiento social. La depresión y la ansiedad, que se desarrollan cuando no tenemos suficiente serotonina y dopamina, pueden verse fuertemente influenciadas por problemas en los intestinos. Mejorar la salud de los intestinos puede aumentar la segregación de la serotonina y la dopamina, lo que nos permite mantener un ánimo positivo y sentirnos satisfechos y motivados. La mayoría de los niños con condiciones como el autismo o el DDAH (desorden de déficit de atención e hiperactividad) tienen problemas con sus intestinos. También se ha descubierto que algunas condiciones cerebrales de los adultos, como el Alzheimer, tienen una fuerte correlación con la condición del intestino.

Los estudios han mostrado que las personas con más de 50 años y síntomas de depresión causadas por una falta de serotonina tienen dos veces más probabilidades de desarrollar demencia vascular que las personas de la misma edad sin depresión, y tienen un 65 por ciento más de probabilidades de desarrollar Alzheimer. Muchas de estas condiciones cerebrales han mejorado cuando las condiciones intestinales mejoran, y a veces esto ha sido mucho más efectivo que los tratamientos tradicionales que se enfocan directamente en el cerebro.

He participado en diversas conferencias con el Dr. Emeran Mayer, un investigador de salud intestinal de clase mundial y autor de *La Conexión Mente-Intestino*, por lo que he tenido la oportunidad de conversar con él sobre una perspectiva holística para la salud intestinal-cerebral. Él afirma que tradicionalmente se ha pensado que el chacra del plexo solar, que está cerca del ombligo, controla las energías, temores y ansiedad de los individuos, además de la digestión de la comida, y que esto sugiere una conexión entre el intestino y el cerebro. Él dice que activar el chacra del plexo solar a través de una activación física directa, como la Sanación del Ombligo, masajes o una estimulación indirecta como en el yoga o a través de una respiración abdominal, puede mejorar la conectividad entre el cerebro y el intestino.

Como se ha mencionado anteriormente, nuestros intestinos y cerebros están conectados a través del nervio vago. Este nervio se extiende desde el tallo cerebral hasta prácticamente todos los órganos del cuerpo, incluyendo el intestino delgado, estómago, riñones, hígado, pulmones y corazón. El nervio vago actúa como una superautopista de dos vías de información, que entrega a los órganos las instrucciones del cerebro para regular la respiración, los latidos cardíacos y así sucesivamente, además de entregar la información de los órganos al cerebro, inclusive si el estómago y otros órganos digestivos están vacíos.

El ombligo es el punto más efectivo para estimular directamente el nervio vago desde la parte exterior del cuerpo porque tiene muy pocas capas de músculos bajo el mismo. Presionar de forma repetida y rítmica el ombligo estimula el nervio vago en el intestino delgado y esto puede tener un efecto de onda sobre el cerebro y otros órganos.

El principal beneficio es la habilidad para controlar el estrés. El nervio vago es el nervio parasimpático más grande del cuerpo. Los nervios parasimpáticos generan el descanso de nuestro cuerpo, suplementan nuestra energía a través de la digestión, descarga de toxinas y reparación de daños. De forma relativa, los nervios simpáticos causan una reacción de estrés que excita y tensa el cuerpo. Si los nervios simpáticos están sobre-activados, terminamos sufriendo una gran cantidad de desórdenes, como hipertensión, diabetes, enfermedades cardíacas, arteriosclerosis, disfunción en la percepción e indigestión. La Sanación del Ombligo estimula los nervios parasimpáticos, permitiendo su descanso y relajación profunda. La saliva se empoza en nuestra boca y la respiración se hace más profunda apenas después de cinco minutos de práctica de la Sanación del Ombligo, evidencia de que el sistema nervioso parasimpático ha sido activado y está potenciando el poder de sanación natural del cuerpo.

El nombre coreano para el punto de energía ubicado en el ombligo es *shingwol*, o "palacio de Dios", el lugar al que viene Dios y en el que permanece. De acuerdo con la medicina oriental, estimular el punto shingwol mejora la inmunidad del cuerpo y facilita el flujo de energía y de sangre a los órganos abdominales, calentando el cuerpo y restaurando la salud en general. El punto de energía shingwol es utilizado para tratamientos de emergencia, como cuando una persona pierde repentinamente la consciencia o colapsa por una subida de tensión o un infarto, así como para tratar enfermedades intestinales que resultan de bajas temperaturas, miembros fríos, e inclusive problemas reproductivos femeninos como desórdenes menstruales o infertilidad.

La Sanación del Ombligo es una práctica de salud simple y efectiva para las personas mayores cuya energía se ha visto debilitada y cuya respiración se esté haciendo cada vez más superficial. Al comprimir el abdomen, es posible bombear la sangre que se recolecta en los intestinos a través del cuerpo. Esto también ejercita los músculos abdominales y flexibiliza el intestino, lo que permite que el diafragma se hunda más profundamente en el abdomen. Cuando te falta vitalidad o estás cansado, presiona tu ombligo durante un minuto y haz la Respiración del Ombligo; pronto sentirás cómo tu cuerpo recupera el vigor y se calienta.

Es similar a utilizar una técnica de RCP en una persona cuyo corazón se ha detenido. La Sanación del Ombligo, podemos decir, es una RCP de energía para revivir la vitalidad de alguien cuya salud ha colapsado. En Estados Unidos, muchas personas que han experimentado directamente los efectos se están ofreciendo como voluntarias para el Proyecto Revitalizar, visitando centros de asistencia en sus comunidades y enseñando la Sanación del Ombligo a personas mayores y miembros del personal.

Una respiración más profunda es clave para mantener la salud, vitalidad, estabilidad y paz mental a una edad adulta. Las personas tienden a respirar de forma más corta y superficial conforme envejecen. Cuando son bebés, respiran profundamente utilizando todo el abdomen. Pero conforme va pasando el tiempo, la vitalidad disminuye y la energía del pecho se bloquea por el estrés, haciendo que la respiración sea más superficial y provocando una respiración que se aloja en el pecho. Para las personas mayores, no hay nada mejor que la Respiración del Ombligo para recuperar una respiración profunda y natural en un corto período de tiempo. También puedes aprender a respirar profundamente a través de un método llamado Meditación de Respiración, que está descrito con más detalle en el Capítulo 10.

La Sanación del Ombligo también puede ser utilizada

para encontrar puntos de dolor en y alrededor del ombligo, y después presionar esos puntos para resolver problemas en partes del cuerpo asociados a los mismos. La meta de comprimir repetidamente el ombligo y después respirar es potenciar la vitalidad. Presionar los puntos dolorosos alrededor del ombligo es efectivo para liberar la energía que se ha quedado estancada en el abdomen, órganos cercanos, hombros, parte baja de la espalda y articulaciones en las caderas. Esto podría considerarse como una reflexología del ombligo.

Lemuel Carlos, es un abogado de inmigración que está cerca de los cincuenta años y vive en Phoenix, Arizona. Su familia es muy conocida en la comunidad filipina de Phoenix por sus negocios y actividades sin fines de lucro. Aprendió sobre la Sanación del Ombligo a través del Centro de Yoga para el Cuerpo y el Cerebro al que asistía, pero en principio no tenía ninguna intención de probarla. "Esto es un poco extraño", pensó.

Su modo de pensar cambió cuando la salud de su padre mejoró ampliamente a través de la Sanación del Ombligo. Su padre, que ahora tiene 81 años, recibió un trasplante de riñones hace 23 años. Le estaba yendo muy bien hasta que sus riñones se deterioraron rápidamente hace alrededor de un año y terminó sometido a procedimientos de diálisis de largo plazo. Pero después de comenzar la Sanación del Ombligo y la práctica de yoga, su salud mejoró increíblemente; sus niveles de creatina, que habían aumentado a 5,1, cayeron a 2,3 en unos pocos meses. Tuvo que ir al hospital con menos frecuencia, su apetito retornó y su diabetes y presión sanguínea volvieron a lo normal.

Motivado por las experiencias de su padre, Lemuel comenzó a

practicarse la Sanación del Ombligo. Lidiar con problemas legales relacionados con el derecho de inmigración y divorcios en su oficio le generaba mucho estrés, y este se pudo ver ampliamente reducido cuando comenzó a practicar la Sanación del Ombligo. Ahora asegura que cinco minutos de Sanación del Ombligo tienen el mismo efecto para él que caminar durante unos 15 o 20 minutos.

Practicar la Sanación del Ombligo cuando está cansado y su concentración ha disminuido lo despierta, y es mucho mejor que beber café. Después de haber sido sometido a una cirugía para remover un tumor en su médula hace 25 años, levantar su brazo izquierdo se sentía poco natural. Después de practicar la Sanación del Ombligo durante diversos meses ya no se siente incómodo. Muchas personas en la comunidad filipina tienen negocios de centros de asistencia, y les está hablando activamente sobre la Sanación del Ombligo. También se lo recomienda a sus clientes.

Si quieres saber más sobre esta práctica, por favor revisa mi libro *Sanación del Ombligo: Desbloqueando tu Segundo Cerebro para una Vida Saludable* o visita BellyButtonHealing.com.

Domina tu mente, domina tu cuerpo

Gestionar tu condición física es esencial para vivir una vida plena, que te ofrezca verdadera satisfacción durante la segunda mitad de la misma. Haz del ejercicio una parte activa de tu cotidianidad, teniendo en mente que la salud es la piedra angular sobre la que puedes construir la calidad de vida durante la vejez, haciendo que la vida que deseas sea posible.

Eres muy afortunado si ya practicas con algo de regularidad el ejercicio. Si aún no tienes el hábito, comienza a desarrollarlo ahora. Mueve tu cuerpo en todas las oportunidades que tengas, eligiendo ejercicios que sean adecuados de acuerdo con tu condición y situación, utilizando los ejercicios presentados en este libro – Ejercicio de Un Minuto, Caminar para la Longevidad y Sanación del Ombligo. Y siempre recuerda: podrás dominar tu mente una vez que hayas dominado tu cuerpo.

CAPÍTULO 6

Descubre nuevas fuentes de felicidad

D e la misma forma en que todo el mundo quiere ser saludable, todo el mundo quiere ser feliz. Pero cada vez con más frecuencia la gente parece sentir que *no* es feliz. Las personas, conforme envejecen, están expresando formas más frecuentes de infelicidad en diversas esferas de la vida: enfermedades crónicas, alienación o interrupción de las relaciones personales, debilitamiento del poder económico. Enfrentándose repentinamente a que sus roles sociales se vean reducidos durante el retiro, es probable que la gente comience a ver desvanecerse su autoestima.

¿Y tú? ¿Eres feliz? Debido a que estás leyendo este libro, probablemente tienes un serio deseo de ser feliz y vivir con más satisfacción durante la segunda mitad de tu vida. Para darte la oportunidad de satisfacer esa sed, debes tener la valentía de hacerte algunas preguntas importantes.

- ¿Soy feliz ahora?

- ¿Cuándo, específicamente, me siento feliz?

- ¿Me siento feliz cuando alguien más me hace feliz?

- ¿Tiendo a sentir que mi ambiente externo me impide ser feliz?

- ¿Pienso que mi felicidad interna es importante?

- ¿Tiendo a actuar proactivamente para crear la felicidad interna?

Si te sientes feliz ahora y estás trabajando activamente para ser aún más feliz, genial. Pero si no te sientes feliz y te preocupa el por qué, necesitas encontrar urgentemente la causa.

Domina tu ambiente

He conocido personas en todos los caminos de la vida y las he ayudado a llevar vidas más satisfactorias, he descubierto que hay principalmente dos razones por las que las personas se sienten infelices.

En primer lugar, se sienten poco satisfechas con el ambiente que les rodea. En otras palabras, se consideran infelices porque les falta algo. El ambiente se refiere no solamente a la situación que te rodea, como tu poder económico y relaciones personales, sino también a las situaciones que enfrentas, incluyendo tu salud física y mental. Algunos piensan que son infelices porque no están bien físicamente, mientras que otros piensan que es porque no tienen suficiente dinero. En otros casos, creen que son infelices porque no tienen una pareja o amigos con los que compartir su afecto. Estas cosas son parte del ambiente que te rodea.

Si permites que los factores ambientales definan tu felicidad o infelicidad, será difícil dejar de ser un esclavo del ambiente durante toda tu vida. Para ser feliz, tendrías que esperar a que ese ambiente cambie. En lugar de eso, debes convertirte en el dueño de tu ambiente, dirigiéndolo y generando cambios en lugar de culparlo por tu infelicidad. Sin esta actitud, fallarás a la hora de aprovechar un buen entorno y estarás siempre controlado por el mismo. Muchas personas, a pesar de tener riquezas y poder, se ven inmersas en un infierno de infelicidad porque no utilizan correctamente estas cosas.

Al envejecer, lo primero que experimentarás verdaderamente son cambios en tu ambiente físico. Eres más débil, tu piel pierde elasticidad y te enfermas con mayor frecuencia. Estos cambios físicos suelen estar acompañados de emociones incómodas como ansiedad, tristeza y miedo. ¿Cómo podemos lidiar con tales emociones? Un poderoso método es mover tu consciencia hacia tu cuerpo utilizando los ejercicios oportunistas, de los que hablé en el capítulo anterior. Si practicas esto con regularidad, desarrollarás un sentido para separarte de las emociones negativas y mejorar rápidamente tu humor en cualquier situación.

Debes comprender la relación entre tu ser y tus emociones: tú no eres las emociones, son tuyas. Las emociones son simplemente un ambiente variable que te afecta al igual que cualquier otra experiencia. Puedes elegir alejarte de una emoción de la misma forma en que sales de una habitación. Puedes cambiar tus emociones porque simplemente son tu ambiente interno, no la esencia de quien eres.

Sin importar qué tanto intentes controlar tu mente a través del entrenamiento y la meditación, las emociones negativas surgirán desde dentro de ti. Habrá momentos en los que te sientas solo, triste o molesto. Siempre que vivamos relacionándonos con otras personas y eventos, tales emociones surgirán. Debido a que creemos en diversos ambientes internos y externos, las emociones pueden surgir de acuerdo con cambios en estos ambientes – al igual que nuestros días no siempre son soleados, a veces son nublados, con fuertes vientos o lluviosos. Mantenerte en tu centro te permitirá observar de forma calmada estos cambios.

Las emociones negativas, como la soledad, tristeza, rabia y temor, no son necesariamente malas. Si no pudiéramos sentir ansiedad o temor, ¿cómo hubiera podido sobrevivir la humanidad hasta ahora lidiando con todas las crisis que nos amenazan? ¿Cuán aburridas, tristes y superficiales serían nuestras vidas si desaparecieran por completo la tristeza y la rabia? Nuestros momentos de alegría y felicidad se sienten mucho más hermosos y preciados porque también tenemos momentos de dificultad.

Es importante no sentirse vencido por emociones negativas. Es natural que las emociones surjan, pero debes estar atento para evitar quedarte atrapado en esos sentimientos o dejarte dirigir por ellos. Permanecer tambaleándote en un torbellino de emociones negativas durante un largo tiempo te quitará las fuerzas y te hará sentir solo, con miedo e infeliz. Estas emociones bajan tus energías, haciéndolas más oscuras y pesadas. En particular, una vez que te quedas atrapado en sentimientos negativos hacia el hecho de envejecer, los pensamientos depresivos comienzan a llegar uno tras otro, tentándote para que te rindas. Comenzamos a decirnos a nosotros mismos: "me siento impotente, enfermo, aburrido y envejeciendo gradualmente. Podría morir en cualquier momento. Tengo miedo".

Para evitar quedarte atrapado en emociones negativas, necesitas estar consciente de tu estado emocional y desarrollar la fuerza para escapar de las mismas. Ese es el poder del alma. Nada puede calmar las olas de la emoción más que el brillo de la consciencia, el poder del alma. Una vez que el poder de tu alma despierte, podrás observar cómo se transforman tus sentimientos y se renueva tu consciencia. Y desarrollas la capacidad de *usar* tu ambiente como lo deseas en lugar de ser controlado por el mismo. Piensas en tu ambiente, bien sea positivo o difícil, como un problema que se te ha presentado para el crecimiento de tu alma, y exploras formas de alcanzar el crecimiento de tu alma a través del mismo. ¿Te quedarás atrapado en tu ambiente, convirtiéndote en su esclavo, o lo dominarás, volviéndolo un elemento útil? Debes elegir. Únicamente así puedes crear felicidad y convertirte en el verdadero dueño de tu vida.

Al reflexionar en torno a mi propia vida, me doy cuenta de que he sufrido una gran cantidad de cambios y giros, además de muchas luchas. Estos ambientes difíciles me han servido de entrenamiento. Ha habido tantas dificultades que ni siquiera las puedo enumerar aquí, pero te contaré de una experiencia que me llevó a un ambiente muy embarazoso.

Ocurrió hace 20 años cuando llegué a Estados Unidos desde Corea del Sur para comenzar a enseñar Yoga para el Cuerpo y el Cerebro, el método de entrenamiento de la mente y el cuerpo que desarrollé. Me subí en ese avión con grandes esperanzas y expectativas, crucé el Océano Pacífico, pasando sobre el continente americano, y finalmente llegué al Aeropuerto Internacional JFK en la ciudad de Nueva York. Había tomado mi equipaje y lo subí en un carrito mientras caminaba para encontrarme con la persona que me iba a buscar. En ese momento alguien se me acercó y comenzó a hablarme. No entendía nada de lo que estaba diciendo porque no hablaba bien inglés. Me miraba de frente y me hablaba incesantemente de algo. Yo sentía que me estaba pidiendo direcciones, pero no conocía el área y no podía explicárselo, por lo que lo único que podía hacer era quedarme ahí con cara de frustración.

Sin embargo, sentía algo extraño. Si yo no podía responderle, debía buscar la ayuda de otra persona. Pero ahí estaba, sonriendo continuamente e intentando utilizar su lenguaje corporal. Pensé, "¡espera un momento!". Entonces me volteé y alguien más tomaba mi equipaje. Miré hacia el otro lado, pero la persona que me estaba hablando ya no estaba ahí. Solo entonces me di cuenta: "Oh, vaya, me han robado la maleta". En la maleta estaba el uniforme que iba a ponerme para dar clases, mis libros, y 5.000$ de capital inicial. Me reuní con la persona que había llegado a buscarme e introduje un reporte oficial en la policía, pero no tenía forma de recuperar mi maleta.

¿Cómo te hubieras sentido en esta situación? Como puedes imaginarlo, estaba muy molesto. "¿Cómo podía haberme pasado algo así apenas llegando a América? ¿Cometí un error al venir aquí? ¿Es este un mal presagio para mi futuro? ¿Debería regresar a Corea?". Todo tipo de pensamientos negativos cruzaron mi mente. Sin embargo, no podía regresar a Corea por esto. "Seré el pionero en el trabajo en América", les había dicho a mis alumnos en Corea cuando me fui. "Ustedes encárguense de gestionar todo en Corea". Por lo que no podía siquiera pensar en regresar. Fue muy difícil para mí decirle a la gente que me habían robado la maleta. Pensaba que la gente murmuraría: "¿un maestro Tao iluminado dejó que le robaran su dinero? ¿No debería ser capaz de saber que alguien es un ladrón solamente con mirarlo?".

Había llegado lleno de esperanzas, pero en un instante había caído en la desesperación. Parecía que sería difícil para mí comenzar mis actividades en América con un sentimiento tan desagradable. La emoción es un tipo de energía que afecta a la energía de la mente y del cuerpo, por lo que no estaba comenzando muy bien. Con ese tipo de energía, sentía que no tenía la fuerza que necesitaba para iniciar una tarea tan enorme. Puede que haya tenido la justificación para rendirme en ese momento, pero afortunadamente ya sabía que no tenía que quedarme en ese estado. Me di cuenta de que tenía que lograr ponerme en un ánimo diferente, aunque los problemas continuaban desarrollándose.

Entonces, decidí encontrar un mensaje positivo que pudiera transmitirme a mí mismo. Pensé en qué podía significar el hecho de que hubiera perdido mi maleta tan pronto llegué a América. Y este mensaje llegó a mi mente: "No he perdido una maleta y dinero. Vine a América y doné 5.000$ a Nueva York. La situación en la que estaba ese tipo debió haber sido bastante mala para haberse llevado el dinero". Me sentí un poco mejor después de pensar de esta forma. "He donado 5.000$, por lo que seré bendecido en el futuro. Una bendición de más de mil veces regresará a mí dentro de 10 años", me dije, enviándome este mensaje en concreto.

Mi ánimo realmente mejoró después de que comencé a verlo de esta forma, una ambición indetenible se acumuló dentro de mí. Nada en mi ambiente externo había cambiado. Solamente una cosa había cambiado: mi forma de pensar. Lo único que hice fue modificar mi forma de pensar sobre un asunto, para ganar fuerzas y para enfrentarme a la realidad con una actitud que era 180 grados opuesta a lo que había sido antes. El futuro en el que tenía esperanzas realmente se hizo realidad 10 años después. Cambiando tus ideas, dando a tu cerebro un mensaje positivo - este es un primer paso que puede cambiar tu ambiente.

Todos nos encontramos con obstáculos grandes y pequeños conforme avanzamos en nuestra vida. Sin embargo, las reacciones pueden ser diferentes entre las distintas personas, incluso al enfrentarse al mismo obstáculo. Algunos se bloquean y no progresan, mientras que otros avanzan intensamente y continúan su camino. El individuo que ha lidiado exitosamente con una dificultad ha experimentado que las oportunidades y bendiciones se encuentran más allá de la misma. Los obstáculos están ahí para ser superados; nos entrenamos y nos fortalecemos en el proceso de superarlos. No temas las obstrucciones. Es difícil superar una barrera si la imaginas como una pared gruesa. Con base en las experiencias de mi vida hasta ahora, los obstáculos no son paredes gruesas; no son más que finas cortinas de papel que se ven gruesas desde afuera. Si las presionamos, se abren. Sin embargo, muchas personas sienten temor y ni siquiera se plantean atravesar las mismas.

Cuando aparece un obstáculo, cuando te tienes que enfrentar a una situación difícil, no cedas ante la desesperación. Primero intenta pensar que hay una razón para todo lo que enfrentas en el ambiente. Intenta cambiar y adoptar la idea de que es un ambiente con potencial de desarrollar el poder de tu alma. Con esta mentalidad, puedes ver todo como algo que estudiar, como la molienda del molino de tu crecimiento. Y te vuelves capaz de cambiar el ambiente, como un creador de pie en su centro. Entonces podrás vivir tu vida creando y compartiendo tu felicidad, sin esperar a que esta venga desde afuera.

Nuevas fuentes de felicidad

La primera razón por la que la mayoría de las personas se sienten infelices es insatisfacción con el ambiente que les rodea. Tal vez no obtuvieron las oportunidades que querían, sufrieron malas relaciones familiares, o enfrentaron dificultades financieras toda su vida. ¿Serían felices si hubieran pasado su tiempo en un ambiente positivo sin la existencia de ninguno de estos problemas? No necesariamente, lo que es algo que probablemente has visto tú mismo, directa o indirectamente. Muchas personas que tienen grandes cantidades de poder y riquezas, aquellos que han alcanzado el éxito, incluyendo celebridades populares, se consideran infelices. Incluso teniendo buenas viviendas, carros y pareja, condiciones que se asocian comúnmente con la felicidad, el tedio y el aburrimiento pueden acecharlos. ¿Por qué? No han sido exitosos en la tarea de descubrir algo que les ofrezca verdadero significado y motivación en la vida, algo que les permita vivir todos los días con una pasión profunda. Esta falta de sentido y propósito es la segunda razón por la que las personas no son felices.

Después de jubilarnos, tenemos una enorme cantidad de tiempo que utilizar hasta morir, pero todo ese tiempo puede abrumarnos, porque no sabemos cómo utilizarlo. Asumiendo que vivirás 35 años después de tu jubilación y tienes ocho horas al día para participar en actividades significativas, eso suma alrededor de 100.000 horas productivas. ¿Cómo utilizarás 100.000 horas de forma significativa y gratificante? Si pasas tus días de forma monótona comiendo bien en una buena casa sin nada interesante que hacer durante décadas, ¿podrías llamar a eso una vida significativa y feliz? Realmente no hay forma de vivir nuestras vidas de forma que cuando cerremos los ojos en nuestro día final podamos decir: "realmente viví una buena vida. ¿Me siento satisfecho y realmente orgulloso de mí mismo?".

Sí la hay. Implica transformar nuestras ideas sobre la felicidad. Y significa descubrir nuevas fuentes de felicidad.

Otra palabra para la felicidad es *alegría*. Hay diferentes tipos de alegría. Básicamente, hay alegrías que vienen de satisfacer deseos instintivos, como la alegría de comer o de tener sexo. En el siguiente nivel hay dos tipos de alegría – la que viene de la posesión y la que viene del control. Hasta este punto, estamos hablando de alegrías que los animales también sienten. Estas alegrías están asociadas profundamente con el dahnjon inferior o chakras inferiores, que suelen controlar las energías del cuerpo y el deseo.

Durante la juventud, el deseo de la comida, sexo, posesión y control son muy poderosos. Pero continuar aferrado únicamente a estas alegrías cuando envejeces te traerá muchos infortunios. No estoy sugiriendo que deberías dejar de buscar estas alegrías. Puedes seguir disfrutando del sexo y la comida, y puedes ejercitar la propiedad y control a través de las actividades económicas. Sin embargo, si buscas aliviar tu aburrimiento solamente a través de las alegrías que vienen de satisfacer tus deseos, una vida llena de significado y verdadera felicidad se alejará gradualmente.

La vejez es un momento para encontrar nuevas fuentes de felicidad. En lugar de mantenernos aferrados solamente a las alegrías que vienen de los deseos que buscabas satisfacer en el pasado, descubre las alegrías de un nivel más alto. Es como cavar un nuevo pozo. Si la fuente de la que solías beber ya no alivia tu sed, necesitas cavar otro pozo. No te quedes de pie viendo cómo el pozo se seca, esperando que llueva o que alguien llegue y lo llene de nuevo por ti. Hay muchas otras fuentes de felicidad; si estás dispuesto a hacerlo, puedes cavar otro pozo. La vejez es una época para enfocarse seriamente en encontrar la felicidad que surge desde adentro, no la felicidad que viene de cuestiones externas como el poder o la riqueza. La fuente interna de la felicidad nunca se seca y ofrece un agua realmente pura que puede calmar la sed de almas cansadas de llevar vidas tediosas y mundanas.

Afortunadamente, un sistema de nuestro cuerpo hace que sea imposible no buscar un nivel más alto de felicidad durante la vejez. El apetito y la libido disminuyen naturalmente con la edad, y los cambios hormonales reforman nuestros deseos físicos. Estas necesidades siguen existiendo, pero se reducen ampliamente al compararse con el pico presente en la juventud. Como una oruga que ya no come, sino que dedica su tiempo a transformarse en un capullo, durante la vejez los seres humanos experimentan una disminución del apetito, están mucho menos conectados con las necesidades sexuales, y tienen más tiempo para la contemplación solitaria.

Al igual que las orugas que se preparan para transformarse en mariposas y volar por el cielo, los humanos levantan los ojos de la tierra y miran hacia el cielo. Reflexionamos sobre cómo hemos vivido y pensamos cómo encontraremos puntos de cierre antes de morir. De esta forma, buscar naturalmente un nivel más alto de alegría durante la vejez es un principio para el cuerpo humano y un principio para la naturaleza. Es por esto que las personas egoístas que siguen obsesionadas con sus deseos incluso después de la vejez lucen desagradables. Avanzar junto con los cambios del cuerpo es vivir de acuerdo con el orden natural.

Aunque hay diferentes tipos de alegrías de alto nivel que podemos buscar durante las segundas mitades de nuestras vidas, tres de ellas nos ofrecen una verdadera satisfacción interna y nos conducen a una vida de plenitud. La primera es la alegría del *Hongik* – una palabra coreana que significa vivir para el bien de todos, que involucra trabajar para el beneficio de los demás. La segunda es la alegría de despertar y la tercera es la alegría de la creación. Estos tres tipos de alegría están profundamente relacionados con el desarrollo de los centros de energía de nuestro cuerpo. La alegría que sientes cuando tienes un gran amor, puro e incondicional, a través de la práctica del Hongik, se siente cuando la energía del dahnjon central del corazón es activado.

La alegría de despertar y la alegría de la creación se sienten cuando el dahnjon superior, de la cabeza, es activado.

La alegría de Hongik

¿Cuándo te sientes feliz? Muchas personas afirman que se sienten felices cuando aman y son amadas por otra persona. Cuando les preguntan cuándo se sienten infelices, dicen que es cuando no dan ni reciben amor. El amor definitivamente es una emoción extraña y su comprensión parece estar fuera de nuestro alcance. El amor puede hacer que flotemos en nubes de felicidad en un momento y después tumbarnos inmediatamente a una miseria infernal. Para comprender la esencia del amor, debemos preguntarnos de dónde viene.

No todo el amor está en el mismo nivel. Si dividimos el amor en dos categorías generales, una es el amor emocional que busca poseer y controlar, mientras que la otra es un amor incondicional y puro del alma. Estas dos energías de amor están mezcladas en el corazón – el dahnjon central -, pero sus raíces son diferentes. El amor emocional está afectado por la energía que surge del dahnjon inferior. La energía del deseo sexual, la energía del deseo de poseer y controlar se eleva para crear energía emocional en el pecho. Las personas llaman comúnmente a las emociones que se derivan de tales deseos amor, pero también ilusión, apego o avaricia.

El amor puro e incondicional no busca poseer y no busca controlar. La razón por la que el amor se convierte en infelicidad en algún momento es porque busca poseer y controlar. Cuando tu amor está a punto de cambiar a infelicidad, revisa si estás buscando poseer y controlar, aunque, por supuesto, también es posible que la otra persona tenga algo de culpabilidad. Aléjate de estos vínculos y busca el amor puro del alma.

La felicidad de aquellos que tienen el amor emocional suele estar determinada por la reacción de la otra persona. Son felices si la persona los ama, infelices cuando no son correspondidos. De forma correspondiente, la felicidad de aquellos que tienen un amor puro del alma se centra en ellos mismos. Sienten verdadera felicidad conforme comparten el amor puro de sus corazones. Se enfocan en amar a los demás en lugar de intentar extraer energía de ellos. No esperan o calculan que algo volverá a ellos a cambio de amar a la otra persona. Creen en el alma y en la naturaleza brillante y verdadera de la otra persona e intentan desarrollarla en lugar de atrapar a otra persona en un molde, evaluarlos o juzgarlos. Eso es amor verdadero y compasión.

Este amor ideal es el tipo de amor que deberíamos buscar durante nuestra vejez. En lugar de poseerse y controlarse, las parejas mayores pueden enseñar y aprender el uno del otro. Pueden ser almas gemelas o compañeros de viaje que recorren juntos el camino de la vida, contribuyendo con su crecimiento espiritual. Entonces tendrán una felicidad más sutil e importante durante sus años dorados.

Este amor del alma no se limita únicamente a parejas. Muchas personas que están separadas de sus parejas por la muerte o por un divorcio tienen problemas para sobrellevar su soledad. Pero si sientes que no serás feliz hasta tener una pareja, estarás cavando un pozo de infelicidad. Nada dice que debes dar la energía de amor de tu corazón solamente a una persona. Cuando miramos a nuestro alrededor, encontramos a personas que necesitan nuestro amor y ayuda. Es por esto que muchas personas mayores iluminadas eligen ser voluntarios o contribuir a través de sus talentos con sus vecindarios y comunidades.

Sentirás una alegría increíble al amar y aceptar a otros incondicionalmente, cuando compartes lo que tienes sin calcular tus propios intereses, cuando te sacrificas por otros porque así lo ha deseado tu corazón. Cuando compartes tu energía de amor puro, descubres una fuente de alegría que no podrías haber sentido de otra forma.

Una vida de ayudar a otros, Hongik, es la ideología fundacional y filosofía educativa de Corea. *Hong* significa ampliamente, e *ik* significa beneficiarse, por lo que una persona Hongik trabaja para el bien de muchas personas, no solamente para sí mismos y sus familias. Si decimos que amar a una persona es un amor pequeño, entonces Hongik es un gran amor.

Algunas personas tienen mucho amor en sus corazones, sin embargo, lo mantienen bloqueado sin compartir esta energía con los demás, lo que conlleva a la infelicidad. Realmente desean utilizar su energía de amor, pero fallan a la hora de ponerlo en práctica. Adicionalmente, aquellas personas que han resultado lesionadas por un amor pequeño pueden cerrar sus corazones por desconfianza a los demás. Incluso el amor pequeño es hermoso y significativo si involucra una relación mutua de respeto y atención. Al madurar, el amor pequeño puede actuar como un poste guía que nos conduce a un amor más grande. Pero te llenarás de infelicidad si, manteniéndote obsesionado con el amor pequeño, esperas que el amor te encuentre. Nuestros corazones realmente pueden ser felices, libres y llenarse de paz cuando tenemos un gran amor. Entonces la energía de nuestra alma crece y se vuelve más poderosa. Una vida de Hongik, de vivir verdaderamente para el bien de los demás, es el mejor método para el crecimiento del alma durante la vejez.

Alyse Gutter, que vive en Nueva Jersey, está disfrutando completamente de su vida a través del Hongik. Después de cumplir 70 años, estaba experimentando mucha tristeza porque la muerte la había separado de su esposo dos años antes. Normalmente se veía a sí misma como una persona muy independiente sin demasiadas ataduras, especialmente en cuanto a su vida en matrimonio. Pero dice que sufrió mucho, mental y físicamente, después de la muerte de su esposo. Lo que le permitió ponerse de pie fue involucrarse con otras personas. La lección de vida que aprendió a través de su experiencia de pérdida le permitió comprender y empatizar con la tristeza y el dolor de otras personas. Pudo volver a sonreír conforme impartía clases de yoga gratis a personas con problemas de la vista y a personas mayores en un centro comunitario, además de sus clases en un centro de yoga. Ahora está envejeciendo de forma feliz y hermosa. Alyse tiene cosas que decir sobre cómo encontrar la felicidad:

Mi mayor alegría es entrenar a otras personas. Olvido las preocupaciones e incluso ignoro el pasar del tiempo; es simplemente alegre, hermoso y lleno de paz. Es la mejor forma para mí de despertarme llena de energía en la mañana y dormir en calma durante las noches. Una vida dedicada a sentarme en una mecedora en mi porche y jugar a las cartas sería una sentencia de muerte para mí. Ese sería el último tipo de vida que quisiera. No lo juzgo para las demás personas, simplemente estoy diciendo que, para mí, no gracias.

Pienso que la vejez ideal es convertirme en abuela. La abuela de la que estoy hablando es la madre que sirve al mundo, a las personas, niños y a la tierra. Es una vida de amar a todos los individuos, una vida de servicio para compartir continuamente ese amor y atenciones. Las personas dicen que se trata de retribuir, pero yo lo veo como conectarnos más y más, con esas preciadas horas, preciada vida, preciada tierra, preciadas personas y con mi propósito y alma. Quiero completar la razón y el propósito por el que estoy en el mundo. No solamente porque estoy envejeciendo, no porque mi cabello se va tornando gradualmente blanco. Realmente quiero vivir una buena vida para todos y para todo, una vida en la que cuide mi cuerpo, mis emociones, mis pensamientos y en la que pueda compartir estos métodos con tantas personas como sea posible.

La alegría del despertar

Conforme vivimos nuestras vidas, probamos una profunda alegría cuando despertamos los principios de la naturaleza y la vida. Especialmente cuando ingresamos en la vejez, los descubrimientos ocurren dentro de nosotros como piezas de un rompecabezas que van cayendo en su lugar conforme comenzamos a comprender, poco a poco, la esencia de la naturaleza y la vida – que alguna vez fue una adivinanza no resuelta. Momento a momento, esa iluminación nos llega desde la luna y las estrellas que vemos en el cielo, el ciclo de las temporadas con las hojas que nacen y caen, una flor silvestre al lado de la carretera, las sonrisas brillantes e inocentes de los niños, las arrugas que van atravesando los rostros de nuestros amigos. Esta es la alegría de la iluminación. Conforme probamos estas alegrías durante la vejez, nos convertimos en adultos iluminados.

Confucio dijo: "a los 15, enfoqué mi corazón en el aprendizaje; a los 30, me paré firmemente; a los 40, no tuve ningún engaño; a los 50, conocí el mandato del Cielo; a los 60, mi oído se afinó; a los 70, seguí el deseo de mi corazón sin sobrepasar los límites de lo que es correcto".

Al igual que las piedras afiladas son molidas una y otra vez para convertirse en suave grava, las experiencias obtenidas a través de los altos y bajos de una vida de 60 años te ofrecen una perspectiva de vida integral sobre las personas, la vida y el mundo. Esa reflexión me hace pensar que la vejez es una gran bendición en nuestras vidas. La vejez es la época óptima para el despertar y la iluminación. Es también una oportunidad para compensar nuestras limitaciones conforme miramos hacia atrás, y para encontrar un momento de cierre a la vida con la sabiduría que hemos obtenido. Siento pena por las personas que mueren antes de los 60 años. Desde cierta perspectiva, han dejado el mundo sin experimentar la época dorada de la espiritualidad, una época en la que podemos sentir la mayor abundancia espiritual.

La vejez es una época en la que ganamos la capacidad de ver los principios de todas las cosas. Tal vez esta es la sabiduría que viene con el tiempo – en lugar de comprender a través de los hechos y la información, sino conociendo automáticamente a través de una experiencia prolongada. Aquellos que abren sus ojos a la naturaleza de la vida son iluminados como personas mayores. Al igual que cuando los viejos sabios conducían las comunidades de las aldeas cuando eran el centro de la vida, los iluminados de hoy pueden convertirse en guías espirituales para la próxima generación a través de la sabiduría que han obtenido de la vida y la naturaleza. El consejo amigable y considerado de nuestros abuelos resonará en los corazones de las próximas generaciones, que se preocupan en cuanto a por qué viven y para qué deberían vivir.

La alegría de la creación

Aquellos que la han experimentado, aunque sea una vez, saben lo importante que puede ser la creación. Por ejemplo, los escritores sienten un gran placer en el momento en que expresan los mensajes que llevan consigo. Ellos tiemblan con la alegría de la creación cuando ponen en palabras los sentimientos que realmente desean expresar. En ese momento, se siente como si hormonas de alegría y felicidad fueran segregadas en grandes cantidades al cerebro. El poder del cerebro revive en el momento de la creación y la energía del orgullo y la satisfacción llenan nuestros corazones conforme pensamos: "¡yo expresé esto!".

La verdadera satisfacción y felicidad pueden sentirse cuando confirmamos nuestro valor propio, cuando pensamos que tenemos valor. Las personas que están inmersas en el mundo del arte –música, pintura, danza, literatura– han experimentado la alegría de la creación. Es por eso que muchas personas comienzan a practicar un pasatiempo creativo durante la vejez, como escribir, tocar un instrumento musical, pintar o tomar fotografías. Ellos pueden sentir la alegría de la creación, la alegría de expresar sus propias inspiraciones.

No solamente en el arte podemos probar la alegría de la creación. Cada momento que pasa en nuestra vida es una oportunidad para la creación. Terminar algo que pensamos que necesitamos en nuestra vida, mejorar algo que se siente incómodo, intentar hacer algo que nunca hemos hecho, asumir un nuevo enfoque hacia algo – todos son actos de creación.

Creo en dos leyes inmutables de creación.

Primero, no hay creación sin acción. Pensar en crear algo no es más que el principio. La creación no sucede a menos que actuemos, sin importar qué tan buenas puedan ser tus ideas o elecciones. Puedes tener una campana frente a ti, pero si no la tocas, no escucharás su hermoso sonido.

Quisiera compartir una experiencia personal. Desde muy joven, he buscado con mucho ahínco aprender el significado y propósito de mi vida. Entonces, a los 30 años, descubrí a través de un entrenamiento extremo de mente y cuerpo que mi energía era cósmica y que mi mente era cósmica. El descubrimiento de que mi sustancia era la misma que la gran energía vital del cosmos, la fuente de la creación, me brindó mucha esperanza, alegría y paz.

Después de eso, comencé a buscar activamente formas de compartir mi iluminación. Mi primera acción fue despertarme temprano en la mañana e ir a un parque cercano. Compartía prácticas de salud con todas las personas que me encontraba. Y siempre que recorría ese camino, si veía a alguien que se notaba físicamente enfermo o con problemas emocionales, me sentía en paz únicamente después de hablar con ellos y ofrecerles consejos útiles. Esto llegó tan lejos que mi esposa, que me veía haciendo esto, me decía que le avergonzaba que la vieran conmigo.

Al principio no era demasiado proactivo. Las personas que me ven ahora no lo creerían, pero originalmente era bastante introvertido, pasivo y tímido. Fue a través de las acciones que pude superarlo. Siempre esperaba y dudaba antes de tomar acciones, pero cuando realmente hacía algo, me daba cuenta de que no era tan difícil. Gradualmente me fui volviendo más y más confiado mientras más lo experimentaba.

En muchos años, el ambiente al que me enfrentaba durante principios de 1980, cuando comencé a enseñar lo que ahora se conoce como Yoga para el Cuerpo y el Cerebro, no era muy bueno. Comencé en las calles, en un parque, sin siquiera tener un local decente, pero no podía simplemente esperar hasta tener un ambiente decente. No era muy quisquilloso en cuanto al lugar o las horas. Si había alguien que se veía infeliz, alguien que se veía enfermo, me dejaba llevar por el sentimiento de que podía ayudarle, sin importar nada más. Lo que comenzó de esa humilde forma ahora se está esparciendo en Corea del Sur, Estados Unidos, y el mundo, y lo desarrollé en una disciplina académica para la Educación Cerebral.

Durante los primeros días, enseñé prácticas de salud de la mente y el cuerpo gratis en un parque por un período de cinco años, porque creía que mi iluminación era real. Podía hacer eso porque tenía la convicción de que la iluminación que había obtenido estaba disponible para todo el mundo. Me seguía motivando para moverme, diciéndome que, si no podía compartir la iluminación con otros, no era una verdadera iluminación. Sin acción no hay creación. Estaba seguro de que el poder de la creación que había experimentado estaba en todo el mundo.

La segunda ley inmutable de la creación es que debe comenzar en ti. Tienes que ser capaz de mover tu energía, tu humor, en una dirección positiva y brillante. Ese es el principio de la creación. Debes desarrollar en ti mismo un estado de energía brillante que permita la creación. Por ejemplo, si te ves a ti mismo luchando, triste por una energía pesada conforme te preocupas por las cosas, despierta y presta atención. Levántate y haz ejercicios por un minuto. Dile a tu cuerpo y a tus antiguos hábitos, "soy tu dueño. Creo mi propia vida". Conforme cambia la energía de tu cuerpo y mente al hacer esto, el poder de tu cerebro revive, tu creatividad se avivará y cobrará vida.

Si miras a tu alrededor en ese estado, te encontrarás rodeado de un potencial creativo. Puedes brindar vitalidad a tu vida diaria conforme sonríes brillantemente a los miembros de tu familia que ves siempre, conforme compartes sentimientos de calidez con tus vecinos, o conforme creas un tiempo significativo con tus amigos. Si quieres probar la alegría de una creación aún mayor, intenta algo nuevo, algo que nunca hayas hecho. Comienza a practicar un pasatiempo que siempre hayas querido intentar, o empieza a realizar actividades voluntarias para una organización comunitaria.

En lugar de observar vagante cómo pasa el tiempo durante la vejez, arremángate la camisa e involúcrate en actividades de voluntariado. Encontrarás como te llenas de orgullo al darte cuenta de que: "¡puedo ayudar a otras personas! ¡Puedo contribuir de cierta forma a la sociedad!". No hay nada más satisfactorio que los momentos en que sientes que has ayudado a alguien más, en ese momento puedes confirmar el valor de tu existencia. Escapas de un tedio diario y entras en una sucesión de días valiosos dedicados a la creación de la alegría y felicidad.

¿Estás preocupado porque no eres feliz? Descubre nuevas fuentes de felicidad. La alegría del Hongik, la alegría del despertar y la alegría de la creación – estas son las fuentes de nueva felicidad que saciarán la sed de tu alma. Con tu dedicación, crecerán hasta convertirse en un poderoso torrente que te conduce hasta un océano de plenitud.

" La vejez es un momento para encontrar nuevas fuentes de felicidad. En lugar de mantenernos aferrados solamente a las alegrías que vienen de los deseos que buscabas satisfacer en el pasado, descubre las alegrías de un nivel más alto".

CAPÍTULO 7

Dejar ir a los apegos para encontrar paz

L a tercera edad es el momento en el que contamos con la mejor capacidad de sentir paz. Una vez que hemos experimentado las tempestades y torbellinos emocionales de la vida, la mayoría de las cosas no nos impactan demasiado ni nos abruman.

Además, muchas personas mayores –especialmente aquellas que son relativamente jóvenes en comparación, que están en sus 60 y 70 años– no están libres de las preocupaciones mentales causadas por el egoísmo o avaricia. En casos severos pueden ser mentalmente aún más cerradas, estar más centradas en sí mismas y ser más testarudas que los jóvenes. Al ver ancianos así, los jóvenes no pueden evitar levantar sus cejas y pensar: "¡No hay forma de que vaya a envejecer de esa manera!". ¿Cuántas personas querrían convertirse en ancianos egoístas y avaros? Todo el mundo desea transformarse en un ser pacífico y amable al envejecer. Entonces, ¿qué puedes hacer para ser una persona más pacífica?

Como punto de partida debes dominar la introspección, saber verte a ti mismo. Deber estar en la capacidad de abrir el ojo de tu mente para ver tu mundo interno. Y debes revisar si tienes paz en ese lugar.

- ¿Estoy en paz ahora?

- ¿Mi mente todavía está preocupada?

- Si no estoy en paz, ¿a qué se debe?

No estar en paz significa que tu alma no es libre, y la razón por la que tu alma no es libre es porque está apegada a algo. Al igual que no puedes usar tus manos libremente si estás sosteniendo un objeto, tu alma no puede ser libre si tu mente se está aferrando a algo.

Las cosas que pesan en nuestras almas

Si no puedes estar en paz entonces existe una razón para ello. Estás aferrándote a algo, y tu mente no puede hacer otra cosa más que preocuparse. Debes estar en la capacidad de descubrir a qué te aferras. Si comparamos nuestras almas con recipientes, las cosas que están dentro de los mismos serían nuestros apegos. Es por estos apegos que nuestras almas se sienten pesadas y preocupadas.

Las personas están comúnmente aferradas a cosas que pueden dividirse en dos categorías.

Primero está el apego a la riqueza y las cosas materiales. Sería genial tener muchas cosas materiales de valor en la tercera edad, pero está bien si solamente tienes lo suficiente como para vivir sin dificultades. Ya no necesitas apoyar financieramente a tus padres o hijos como antes, y generalmente el costo de vida disminuye. Puede que aumenten los gastos médicos, pero puedes lidiar con ello al manejar conscientemente tu salud y condición física. Algunas personas necesitan continuar ganando dinero más allá del inicio de la tercera edad, pero esto también les ayuda a tener vidas más vigorosas y activas.

El problema es apegarse excesivamente a las cosas materiales. El deseo avaro de poseer una fortuna o vivir de forma lujosa en la tercera edad es una posición que destruye la paz mental; vivir la vida sin grandes incomodidades es más que suficiente. En lugar de pensar que debes ganar grandes cantidades de dinero mediante nuevas inversiones, es mejor vivir una vida más austera al bajar tus gastos. Además, como una virtud suprema, puedes compartir un poco de lo que tienes con los que te rodean, y usar esa abundancia material para experimentar las alegrías no materiales del Hongik: el despertar y la creación.

El segundo apego más común es el del poder o el prestigio. Las personas quieren que sus nombres sean reconocidos en el mundo, al igual que se refleja en este proverbio coreano: "Un tigre muere y deja la piel; un humano muere y deja un nombre". Tenemos una necesidad de reconocimiento; queremos que muchas personas reconozcan nuestra existencia y valor. Ese es el por qué, en edades tempranas, trabajamos constantemente para conseguir el éxito. Después de que envejecemos, nuestro apego al poder y el prestigio continúa mediante varios tipos de comportamientos mediocres.

Este apego puede mostrarse al fanfarronear sobre lo que lograste cuando eras joven: "En aquellos días generalmente hacía...". Claro, está bien disfrutar de los recuerdos de nuestros días de juventud, cuando estabas en el punto máximo de tu vida.

Pero referirse continuamente a "aquellos días" sugiere que no estás feliz con quién eres actualmente, porque sientes que tu estado presente no es suficiente.

Pensar y hablar continuamente del pasado, añorando esos días, evita que te enfoques y actúes en el presente y en el ahora.

Algunas personas también se mantienen apegadas al poder y al prestigio cuando envejecen. Si quieres ayudar para que el mundo sea un mejor lugar es natural que quieras ser conocido por esas acciones, e incluso ganar fama mediante las mismas, ya que una buena reputación puede ayudarte a tener una mayor influencia en el mundo. Si el deseo de poder y prestigio es la prioridad, lamentablemente, la cola termina cansando al perro, causando una disonancia que al final del día se regresará en forma de deshonores. ¿No hemos visto muchos líderes políticos y económicos cayendo bajo por el deshonor? Las personas se comportan de esta manera cuando su deseo de ganar prestigio supera el deseo de servir a los demás.

Para resolver tu obsesión con el poder y el prestigio debes saber observar tu necesidad por ese tipo de reconocimiento. Aprender a reconocerte en lugar de aferrarte al reconocimiento que te presentan otras personas. El reconocimiento de nuestra alma es el mayor reconocimiento que existe. Además de un sentimiento interno de orgullo, el mayor cumplido es una voz en tu interior que dice: "¡Sí, lo hiciste muy bien!". Tu alma reconociendo y sintiéndose satisfecha contigo equivale a que el cielo te reconozca. Eso es naturaleza brillante y verdadera, el alma en tu interior es el Cielo.

En tercer lugar, las personas se pueden apegar a otras personas.

Desde cierta perspectiva este es el tipo de apego más complicado de manejar. Las cosas materiales y el poder no son organismos vivos, por lo que puedes dejar esos apegos simplemente al cambiar tu mentalidad. A diferencia de los objetos personales, las personas que conocemos en nuestras relaciones tienen pensamientos y emociones. Nuestras emociones son como un balón de *rugby*; nunca sabes hacia dónde va a rebotar. Podrías estar controlando tus emociones, para luego descubrir que tu compostura se quiebra en un instante cuando eres el objetivo de un ataque emocional de otra persona. Mientras eso sucede nos herimos y disgustamos, comenzando a sentir resentimiento hacia los otros.

El apego hacia alguien se manifiesta de dos formas: amor y odio. Como dos lados de una moneda, estas son las dos formas de emociones que siempre están cambiando en las relaciones personales. De hecho, tienen la misma raíz: el apego.

Algunas personas pueden pensar que, dado que el amor es una emoción buena, amar a alguien no puede ser llamado un apego. Pero la emoción del amor no es otra que apego cuando interfiere con la liberación del alma. Mientras vivimos nuestras vidas encontramos relaciones que finalizan con una separación, sin importar qué tan amorosas fueron alguna vez, e incluso cuando las personas han vivido juntas toda su vida, deben experimentar la separación inevitable de la muerte cuando el primero de ambos deje el mundo. ¿Qué tan difícil psicológicamente resulta ver a alguien partir o dejar a alguien que amas?

Entonces, ¿cómo podemos amar sin apego? Para hacer esto

necesitamos mantener la libertad de nuestras almas. Puedes ganar la libertad de tu alma cuando trasciendes las emociones del amor romántico, dándole forma de paz, un nivel más alto de emoción. Cuando estás centrado en la libertad y paz de tu alma, aceptarás las cosas sin pasión, incluso en el caso de una separación dolorosa. Así puedes tener un nivel superior de amor por los demás, centrado no en el apego, sino en el crecimiento, libertad y paz del alma de cada uno. Esto no es sencillo. Debido a que el amor es un intercambio entre dos personas, no es suficiente si solamente una de ellas tiene esta impresión. Ambos deben querer ser un apoyo y contribuir al crecimiento del alma de cada uno.

Las personas generalmente quieren poseer, controlar y confinar a la otra persona en nombre del amor. Eso puede traer un futuro desafortunado para ambas partes. La emoción del amor puede dar vida al apego y cambiar bruscamente hacia el odio cuando no se satisface al apego y la avaricia. Si continúas viviendo sin dejar ir al apego del odio, nunca encontrarás la felicidad.

El odio aparece en relaciones personales comunes, no solamente en las amorosas. Tenemos odio por cualquiera que nos haya causado daño, sin importar si es un daño financiero, físico o mental. Por ello vivimos sin perdonar a la otra persona, con la consciencia repitiéndonos que nosotros somos las víctimas y el otro el victimario. Si vives toda tu vida con este tipo de consciencia de víctima y con odio en tu corazón, esto no traerá otra consecuencia más que dolor tanto para ti como para la otra persona. En cambio, cuando causas daño a alguien, terminas sintiendo culpa. La culpa es la más oscura y autodestructiva forma de conciencia, ya que bloquea el crecimiento del alma.

Cuando vemos nuestras vidas proyectadas a futuro, emociones como el apego, la avaricia, la conciencia de víctima y la culpa pueden llegar al frente de nuestras mentes. Nos damos cuenta de ello y nos arrepentimos tarde, y entendemos que este tipo de conciencias hicieron más difíciles nuestras vidas. Si tampoco nos damos cuenta de que hay otra forma de hacer las cosas, puede que carguemos con este arrepentimiento hasta el final de nuestros días.

Tenemos que elegir por nosotros mismos. ¿Viviremos vidas con problemas continuos al dejarnos llevar por tales emociones, o las dejamos ir para ser libres? Se trata de si renegaremos o resolveremos el problema. Si quieres una vida que esté verdaderamente libre del arrepentimiento, si quieres libertad real para tu mente y alma, entonces elige la segunda y explora soluciones activamente.

¿Cómo puedes resolver tales formas negativas de consciencia? Comienza por limpiar tu ser interno para liberarte de las mismas.

Tomemos como ejemplo una conciencia de víctima, una de las emociones más abrumadoras. Las personas generalmente tienen al menos una o dos fuentes para este tipo de situación. Piensan que han sido heridos por alguien, generalmente una persona cercana, con frecuencia un familiar, amigo o colega, ya que las heridas en el corazón tienden a ser mayores en relaciones cercanas.

Para solucionar una conciencia de víctima, comienza por escapar de la idea de que eres una víctima. Hasta que no estés inmerso en ese pensamiento no podrás limpiar las emociones negativas y formas de información que están en tu subconsciente.

Cuando piensas que eres una víctima, un victimario aparece en tu subconsciente. Mientras más pienses en el victimario que te hizo daño, crecerá más tu odio. Puede que te digas a ti mismo: "Nunca podré perdonar a esa persona y la maldigo", o "debo hacerle pagar porque me ha tratado mal".

Una vez que creas un victimario en tu subconsciente, se comenzará a multiplicar. Cuando se desarrolla la antipatía hacia alguien en tu mente por una acción concreta, también sospecharás que otros podrán hacerte daño, colocándote en guardia ante ellos. La consciencia de víctima continúa creando victimarios y aumenta la energía negativa. Esa energía negativa se alimenta de la energía positiva, y termina afectando el poder natural de sanación del cuerpo. Es imposible que exista paz, felicidad, alegría y libertad en el alma si la energía negativa continúa expandiéndose. Únicamente hay sufrimiento. Esta es una terrible forma de sumergirte en la infelicidad.

Para escapar de la conciencia de víctima debes cambiar rápidamente tu mentalidad de víctima hacia la del victimario. Trata de cambiar tu forma de pensar y te darás cuenta de que no eres la única persona que resultó herida, y de que también pudiste haber herido a la otra persona. Por ejemplo, en una discusión de pareja generalmente la culpa no es de una sola parte. Si miras de cerca te darás cuenta de que hay problemas, grandes o pequeños, en ambas partes. Cuando lo ves únicamente desde tu perspectiva es fácil pensar que sufriste daños. Pero si cambias tu mentalidad para ver que también fuiste un victimario, entonces puedes acercarte antes a la otra persona y decir: "Lo siento. Por favor, perdóname".

Probablemente haya momentos en los que realmente hayas resultado herido unilateralmente. ¿Qué puedes hacer en esos casos? También debes cambiar tu atención para verte como el victimario. Ser el victimario en este caso no significa que hayas causado daño a nadie. Es una forma de responsabilizarte por ti mismo. Se trata de estar en la capacidad de decirte: "He sido mi propio victimario. Soy el que ha causado que mi vida esté de esta forma".

¿Por qué deberías hacer eso? Si tú eres el victimario, entonces cambiarte a ti mismo es suficiente para modificar la situación actual. Si piensas que eres la víctima, entonces tu cambio estará limitado por el cambio del victimario. El resentimiento y odio hacia el perpetrador que te hizo daño siempre estará en tu mente consciente y subconsciente.

Date cuenta de que tú –y no alguien más– eres quien formó y creó esta situación actual. Escapa de este pensamiento: "Soy así por tu culpa. Todo esto es tu culpa". Piensa más bien en esto: "Yo he elegido y creado todo. No tengo resentimiento hacia nadie. Todo es mi responsabilidad". Completa esa acción incondicionalmente, sin inventar excusas, incluso cuando sea claro para cualquiera que sufriste daños en esta situación. Puedes comenzar una nueva situación una vez que estés consciente de la anterior. Tu verdadero sentido de responsabilidad relacionado a tu vida comienza a revivir una vez que este cambio se haya completado en tu corazón.

De esa forma cambias a una modalidad positiva, diciéndote a ti mismo: "Soy el maestro de mi vida. No sentiré resentimiento hacia los demás mientras me revuelco en una consciencia de víctima. En lugar de ello, seré el impulsor de mi vida".

Tu resentimiento cambia hacia la clemencia, tolerancia y gratitud cuando eres el maestro de tu vida.

Para tener paz debes estar libre de apegos. La tercera edad es una oportunidad ideal para mirar una a una las emociones que no has podido limpiar o dejar ir en tus apegos. Al igual que un globo aerostático que se eleva en el cielo cuando se sueltan las bolsas de arena que lo sostienen, nuestras almas pueden ser más ligeras y libres cuando dejamos ir nuestros apegos.

Meditación para la liberación del alma

Permíteme presentarte un método de meditación para descargar apegos y convertirse en un alma libre.

Coloca una mano al frente de tu pecho, con las palmas hacia arriba. Adopta una postura de copa en la mano, como si estuvieras a punto de recibir agua de una fuente. Cierra los ojos e imagina que tu mano es la copa de tu alma. Una vez no hubo nada en la copa de tu alma; el peso de tu alma era igual a cero. Pero mientras avanzaste en tu vida colocaste diferentes cosas en esa copa. Las mismas se han transformado en apegos, agregando peso a tu alma.

¿Qué sostiene la copa de tu alma en este momento? ¿Qué apegos están en su interior? ¿Son apegos hacia riquezas y bienes materiales? ¿Apegos hacia el poder y el prestigio? ¿Hacia personas que amas? ¿Hay algo de odio hacia personas que te han causado problemas? ¿Qué es lo que imposibilita que tu alma sea libre, la oprime y le agrega peso? ¿Serán diferentes tipos de emociones negativas o formas de consciencia? ¿Avaricia, egoísmo, consciencia de víctima, sentimientos de inferioridad, arrogancia, derrota, culpa?

¿Quieres ser un alma libre? De ser así, entonces deja todas esas cosas, ya que estas no son la substancia que eres. Solamente una cosa es tu substancia: tu alma. Todo lo demás es como una roca que se aferra a tu alma. Debes deshacerte de esa roca para que tu alma sea libre, y para ello necesitas coraje. Solamente tú puedes tomar esa decisión. Nadie puede forzarte a elegir, y tampoco nadie puede elegir por ti.

Ahora cuenta hasta tres en tu mente y rota lentamente tus manos hasta que tus palmas queden hacia abajo, derramando todas esas cosas que están en la copa de tu alma.

¡Uno, dos, tres!

Deja ir completamente todo lo que ha enterrado y perturbado a tu alma. Siente el ardiente deseo de convertirte en un alma libre, y solamente siente ese deseo. Siente el deseo ardiente en tu corazón de volar libremente en los cielos, al igual que un pájaro.

Ahora extiende tus brazos hacia los lados y muévelos hacia arriba y abajo al igual que las alas de un pájaro. Date completa libertad. Vuela lentamente hacia el cielo abierto.

Tu energía se torna gradualmente más ligera y brillante. ¡Eres un alma libre! Siente a tu pecho abriéndose y respirando. Disfruta completamente la libertad de tu alma mientras una sonrisa se extiende en tu rostro.

Deja de moverte poco a poco, coloca tus manos en las rodillas, y adopta la postura de meditación. ¿Cuál es el sentimiento en tu corazón justamente ahora? ¿Sientes libertad y paz?

MEDITACIÓN PARA LA LIBERACIÓN DEL ALMA

1. Coloca una mano al frente de tu pecho, y adopta una forma de copa con la misma.

2. Cierra los ojos e imagina que tu mano es la copa de tu alma libre y pura.

3. Mira todos los apegos que has colocado en esa copa y que están haciendo que tu alma pese.

4. Voltea tu mano y derrama todos esos apegos.

5. Extiende tus brazos hacia los lados y muévelos como las alas de un pájaro. Deja que tu alma vuele libremente. Sonríe.

6. Coloca las manos en tus rodillas, en postura de meditación, y siente tu corazón. ¿Sientes libertad y paz?

7. Coloca tus manos en el pecho, una sobre la otra, y piensa en el crecimiento y la realización de tu alma. Siente la luz y la paz que llegan a ti, y ten gratitud por ello.

Alguien con el corazón en paz está bendecido. La paz mental llega cuando dejamos ir los apegos. Estos vienen de la imprudencia, y la imprudencia se desarrolla cuando no conocemos el propósito de nuestras vidas. Nos apegamos al dinero, al prestigio y a las personas cuando no sabemos por qué vivimos, por qué hemos venido a la tierra y cuál es la razón de nuestras vidas.

Hemos venido a la tierra para el crecimiento y la realización de nuestras almas. Aunque podemos desechar todo lo demás, nunca podemos desechar nuestra alma. Aunque tenemos que dejar todo cuando fallecemos, el alma es la única cosa que nos llevamos. El alma es tu substancia y esencia. Para el crecimiento y la realización de tu alma has estado llorando, riendo, amando, odiando y aprendiendo múltiples lecciones en el complejo entrenamiento de iluminación que es la vida.

Hemos venido a este entrenamiento para iniciar una práctica espiritual. Todo lo que has experimentado, bueno y malo, amargo o dulce, ha tenido sentido y te ha enseñado algo. Cuando te das cuenta de esto la paz y gratitud comienzan a desarrollarse en tu corazón. La semilla de tu alma comienza a crecer cuando tu corazón está en paz.

Coloca tus manos en el pecho, una sobre la otra, y añora exclusivamente el crecimiento y la realización de tu alma. Una gran luz vendrá hacia ti. Crecerá y brillará en tu interior una luz de sabiduría que te guiará. Confía todo en esa luz. Después de la oscuridad, tu mente y las profundidades de tu alma crecerán más brillantes y limpias. Tu pesado pecho se tornará más ligero y pacífico. Lo sentirás. "¡Todo sucede por mis apegos! ¡Estos apegos bloquean mi corazón y me generan problemas!". Si has visto la luz eterna y has encontrado el camino de tu alma, ten gratitud hacia esa gran luz de sabiduría que brilla en ti. Recuerda que la luz de la sabiduría siempre está brillando en ti, y mantiene la paz en tu corazón.

CAPÍTULO 8

No le temas a la soledad, disfrútala

Junto con enfermedades y problemas económicos, una de las principales dificultades a las que nos enfrentamos en la vejez es la soledad. Las parejas que solían llevar vidas muy ocupadas criando a sus hijos se encuentran solos en un nido vacío cuando sus niños se van a formar sus propias familias. Y cuando una persona mayor se ve separada de su pareja por la muerte o un divorcio, el resto de su vida parece inevitablemente solitaria. De acuerdo con un censo del 2010 realizado en Estados Unidos, 28 por ciento de las personas con más de 65 años –10 millones de personas– estaban viviendo solas.

El aislamiento de las personas mayores no solamente causa soledad. También se ha demostrado que tiene un impacto negativo sobre la salud mental y física, aumentando la incidencia de condiciones como enfermedades crónicas, presión sanguínea alta, depresión, disminución cognitiva, y demencia. Correspondientemente, las personas que están conectadas con sus familiares y amigos y tienen relaciones significativas no solamente son más saludables física y mentalmente, sino que también tienen mayores expectativas de vida. Tener personas a nuestro alrededor con las que nos podamos comunicar de corazón también puede reducir los efectos del estrés. No es suficiente comunicarnos por texto o por correo electrónico, de acuerdo con la psicóloga Susan Pinker. "El contacto cara a cara libera toda una cascada de neurotransmisores y, al igual que una vacuna, estos te protegen tanto en el presente como en el futuro".

Los humanos somos animales sociales. Necesitamos vivir con y entre otras personas si deseamos aumentar nuestra felicidad y probar realmente la vida. Pero la soledad de la que quiero hablar en este capítulo es un poco diferente a la que experimentamos cuando no tenemos relaciones significativas. Es la soledad fundamental del ser que viene con la vejez. Incluso si la persona que amamos está a nuestro lado, esta soledad tiene una profundidad diferente a la soledad que podemos experimentar durante nuestra juventud. Los momentos de descubrimiento repentino en relación con nuestra existencia –al estar de pie entre la vida y la muerte– pueden comenzar a llegar conforme vemos a nuestros amigos partir del mundo, uno por uno. La muerte, que una vez parecía muy lejana, se acerca gradualmente como una realidad que tendremos que enfrentar directamente. Y el darnos cuenta de que tendremos que transcurrir solos el camino de la muerte, que es un sendero solitario que debemos recorrer sin nadie que nos acompañe, crece profunda y gradualmente. Cuando la soledad esencial del ser, una soledad que no podemos aliviar, se apodera repentinamente de nosotros, ¿cómo podemos lidiar con ella?

Aprendiendo a disfrutar la soledad

Quiero decirte esto: no temas a la soledad; acéptala y disfrútala.

Todos llegamos al mundo solos y partimos solos. Por lo que un ser humano es originalmente un ser solitario. Jóvenes o viejos, ricos o pobres, famosos o desconocidos, un presidente o un empleado del aseo que limpia las calles, todo el mundo experimenta momentos en los que la soledad de la existencia los toca profundamente.

Algunos buscan a otras personas para aliviar esta soledad, mientras que otros se hacen adictos al alcohol, drogas, sexo o a diversas formas de entretenimiento. Algunas personas viven inmersas en depresiones o se rinden ante su desesperación porque no pueden tolerar la soledad. Sin embargo, otros se enfrentan directamente a la sustancia de su soledad y experimentan el despertar de la conciencia a través de una profunda reflexión de la esencia del ser humano. Eligen la vida en un nuevo nivel de madurez espiritual y alcanzan una felicidad interna a partir de esa experiencia. No pienso que esa vida esté limitada a personas especiales que buscan alcanzar la espiritualidad. Todos nacemos con una naturaleza espiritual. Lo importante es cómo sublimamos la soledad en relación con la esencia del ser.

La vida es un largo viaje destinado a llegar más allá de la soledad para encontrar tanto una libertad como una verdad permanente. Este es el deseo de la humanidad de encontrar iluminación, y a través de esa iluminación, la soledad deja de ser oscura y deprimente, en lugar de eso, cambia a una *soledad brillante*. La soledad que no ha sido iluminada es oscura y llena de desafíos. Por otro lado, la soledad radiante brilla alegremente, y esa luz es vertida sobre todas las personas que nos rodean. La luna está sola en el cielo, pero su luz brilla en la oscuridad. De la misma forma, una luz brilla desde aquellas personas que han descubierto el verdadero sentido de la vida al enfrentarse a la soledad valientemente.

Pienso que la vejez es tiempo óptimo para descubrir este sentido. Mientras que los ojos físicos miran al mundo y a las personas en su realidad, cada uno de nosotros puede ser una persona mayor iluminada cuya mente siempre esté abierta a la naturaleza y al universo. No evitemos la soledad durante la vejez. Continuemos aprendiendo cómo hacernos amigos de la soledad, cómo disfrutar de ella. Al igual que Confucio dijo que aprendió el mandato del Cielo a los 50 años, nosotros también debemos avanzar con nuestros ojos elevados hacia el Cielo durante nuestra vejez. Debemos ser personas mayores iluminadas, con las cabezas volcadas hacia el Cielo, aceptando a las personas y al mundo, y caminando hacia la plenitud.

La fragancia de una soledad brillante

Establecí mi propio propósito cuando tenía 30 años y comencé a compartirlo con otras personas en un pequeño parque. Cuando tienes un propósito y una visión en tu corazón, hay momentos en que estarás destinado a ir en contra de la corriente en lugar de fluir con ella. Enfrentarás adversidades, obstáculos y malentendidos mientras intentas abrirte un camino que otros no han transitado. Ha habido tiempos en los que me he sentido solo, tiempos en los que he sentido miedo, tiempos en los que he sentido tristeza, y tiempos en los que he sentido que estoy completamente solo en una planicie. En esos momentos miraba hacia el cielo oscuro de la noche. Sentía que solamente podía abrir mi corazón a las estrellas del cielo. Hay incontables estrellas en una noche oscura, pero todas ellas parecían estar solas, como yo. Sin embargo, esas estrellas brillaban, incluso estando solas.

Esa era una soledad brillante, un tiempo de retornar completamente a la fuente de mi existencia. Esa soledad fue un tiempo de iluminación y creación. Descubrí quién soy realmente en esa soledad. Sentí que las únicas estrellas capaces de iluminarme eran mi convicción y mi visión. No podía dejar ir esa visión porque, si lo hacía, solamente habría una oscuridad eterna a mi alrededor. Por lo que hice este juramento:

Ahora que he encontrado un sueño y que estoy viajando en mi propio camino, la tristeza que viene de no lograr la comprensión de los demás no es nada. Pero renunciar a mi sueño sería la muerte para mí. Recorreré este camino incluso si nadie en el mundo me comprende. Me mantendré fiel a este sueño, aunque todo el mundo lo abandone.

En la soledad, mi convicción ha continuado creciendo cada vez más.

El alma que está apuntando a la plenitud siente una soledad brillante. Disfrutas esta soledad porque vives dentro de ella.

No es una soledad que compartas con otros; es una plenitud que llega en el momento en que, estando solo, te conectas con el todo como una unidad. Al mirar las estrellas en el cielo de la noche, al caminar a través de un silencioso sendero en el bosque, cuando miras al sol ponerse en el atardecer, cuando meditas y practicas solo; en estos momentos descubres que estás solo, pero estás conectado con todas las cosas. Entonces descubres que la soledad fundamental dentro de ti no puede ser llenada por otra persona o por nada que esté en el exterior, que este vacío de soledad solamente puede ser llenado al ser uno completamente con la gran fuerza vital del universo.

La soledad de aquellos que tienen convicciones firmes y una visión para soportar sus vidas funciona como una columna vertebral para el cuerpo. Intenta estirar completamente la parte baja de tu espalda. Tu columna soporta al cielo de arriba y te conecta con la tierra abajo. Todo tu cuerpo se sentirá cómodo solamente si tu columna está centrada correctamente. Tu cuerpo se sentirá incómodo si tu columna se inclina hacia el hombro izquierdo, hacia tu cadera derecha, hacia la parte frontal o trasera. Cada parte de tu cuerpo, incluyendo tus órganos internos, está más cómoda si tu columna está correctamente alineada. Aquellos que completan su alma con una soledad brillante deben pensar en sus columnas erguidas. Con sus cabezas elevadas hacia el cielo y sus pies firmemente sobre la tierra, deben vivir vidas de aceptar su brillante soledad en el corazón y compartir con otras personas el amor puro, la energía del alma.

No temas a la soledad. Una gran sabiduría y amor viene de la soledad. El camino de los seres humanos es esencialmente solitario, pero cuando la soledad ha alcanzado un extremo y va más allá, se transforma en una gran alegría y paz. En ese momento descubres una gran compasión que puede sentirse cuando trasciende el afecto humano. Es fácil que el afecto humano propicie los apegos. Cuando estás inclinándote hacia un lado y confiando o quedándote atrapado en algo, no puedes sentirte pleno. Sientes esta plenitud cuando estás completamente solo. Cuando la soledad del ser entra profundamente en nuestros corazones una luz brillante rompe la oscuridad. Entonces esa soledad se transforma en una brillante luz.

Si avanzas hacia adelante con una soledad brillante en tu corazón, te conviertes en lo que yo llamo una persona verdaderamente fragante, con un verdadero atractivo posible, como una flor que debe ser admirada por su belleza. Entonces desarrollas una personalidad que se mantiene firmemente en el centro sin apegarse a las personas, o huir de ellas y alejarlas. Eres capaz de encontrar el asiento de la armonía y acompasar una paz pública y un amor público. Eres capaz de sentir el mundo más grande de conciencia que puede ser sentido por un ser humano. La sabiduría y poder de dar armonía al mundo emerge cuando puedes mirar al mundo con esta consciencia.

"La vejez es un momento para encontrar nuevas fuentes de felicidad. En lugar de mantenernos aferrados solamente a las alegrías que vienen de los deseos que buscabas satisfacer en el pasado, descubre las alegrías de un nivel más alto".

CAPÍTULO 9

Dale a tu cerebro esperanzas y sueños

Cuando se reúnen, las personas mayores suelen bromear sobre esos momentos que realmente les hacen sentirse de su edad. Cuentan historias sobre cómo alguien caminó desde la sala hasta la habitación sin poder recordar por qué, cómo escarbaron por toda la habitación buscando las gafas que llevaban puestas, cómo se sintieron avergonzadas al no poder recordar el nombre de alguien que suelen frecuentar, o cómo aparcaron en un estacionamiento, pero olvidaron apagar el motor. Estas historias suelen conducir a una preocupación: "soy tan olvidadizo. ¿Terminaré sufriendo de demencia?".

¿El dolor generalizado y la disminución de la memoria son síntomas psicológicos inevitables que todos olvidamos cuando envejecemos? Los científicos cerebrales afirman que no. Las cosas que aceptamos como una parte natural del envejecimiento son, de hecho, en gran parte el resultado de malos hábitos y cuidados de la salud, no solamente por envejecer. Por ejemplo, la demencia no se desarrolla porque tengas 60 o 70 años; aparece como un síntoma que resulta de una mala alimentación y hábitos de vida diaria, falta de ejercicios, lesiones cerebrales y así sucesivamente – cosas que se van acumulando por décadas. Sí, la historia familiar puede explicar ciertos tipos de demencia, pero en gran parte podemos mantener la salud de nuestro cerebro al igual que para el resto del cuerpo.

Algunas personas sufren de debilidades físicas y enfermedades crónicas incluso a los 20 años, mientras que otros fluyen con vitalidad a los 80 años. Algunos siguen viendo al mundo con ojos jóvenes y curiosos y están interesados en todo lo que les rodea durante la vejez, pero muchos otros cierran la puerta en su mente a todas las cosas nuevas, inclusive cuando son jóvenes. La investigación científica muestra que la salud del cuerpo y el corazón no se deterioran naturalmente con la edad. En lugar de eso, la tasa de envejecimiento es muy diferente entre las distintas personas, dependiendo de qué tan bien se cuiden.

Hace apenas unas décadas, los científicos cerebrales pensaban que nuestra estructura cerebral se completaba un poco después de los veinte años, y no cambiaba prácticamente después de eso. La teoría comúnmente aceptada era que las neuronas morían continuamente después del nacimiento, sus números no dejaban de disminuir y no se desarrollaban nuevas células. Sin embargo, actualmente sabemos que nuestros cerebros cambian constantemente desde el momento en que nacemos hasta que morimos. No solamente desarrollamos nuevas neuronas inclusive cuando envejecemos, sino que nuestra función cerebral puede mejorar.

Por supuesto, ciertos fenómenos del envejecimiento ocurren en nuestros cerebros conforme pasan los años, al igual que ocurren en nuestros cuerpos. De la misma forma en que los músculos se vuelven más débiles si no los ejercitamos, las partes de nuestros cerebros que no utilizamos se hacen menos efectivas. La memoria, concentración y tiempo de reacción disminuyen con la vejez a menos de que entrenemos nuestras funciones cognitivas. Sin embargo, podemos mantener nuestros cerebros saludables y jóvenes, si los cuidamos y los entrenamos bien. Nuestros cerebros tienen una increíble capacidad de resiliencia. Esta es una importante fuente de esperanza para todos, debido a que, sin importar nuestra edad, podemos aprender y experimentar cosas nuevas y cambiar nuestros pensamientos y hábitos. Es fácil pensar que las personas no cambian mucho y que es especialmente difícil cambiar al envejecer. Pero las personas *pueden* cambiar. De hecho, cambian cada momento, sin importar qué tan viejos sean, gracias a la increíble plasticidad del cerebro. Es importante que guiemos la dirección de ese cambio entrenando nuestros cerebros.

Hace más de 20 años, reuní principios y métodos para el desarrollo y uso del potencial del cerebro, creando un sistema de autodesarrollo que llamé Educación Cerebral. Cuando comencé a contarle a la gente sobre Educación Cerebral, la percepción del público sobre el cerebro era muy diferente a la actual. En ese entonces, era extraño que alguien que no fuera un médico o un científico hablara del cerebro en una conversación diaria. Cuando le dije a la gente que es posible cuidar la salud del cerebro en lugar de confiarlo completamente a los expertos, algunos sintieron miedo, como si hubiera tocado por error un objeto peligroso que no debe manipularse.

Ahora la idea de que podemos gestionar la salud cerebral de la misma forma en que gestionamos la salud del cuerpo es ampliamente aceptada. Este cambio es increíblemente afortunado, debido a que no podemos hacer nada sin utilizar nuestro cerebro. Además de los roles de pensar y de memoria que atribuimos normalmente al cerebro, hay funciones fisiológicas básicas que son controladas por el cerebro como la presión sanguínea, frecuencia cardíaca, temperatura corporal y las hormonas. Gestionar tu cerebro es gestionar tu vida. Cuando tu cerebro mejora, todo en tu vida mejora.

Afortunadamente, todo el mundo puede comprender el juego de habilidades que se necesita para gestionar el cerebro. Mientras más pronto aprendas estas habilidades, mejor, ya que después necesitarás mejorarlas y refinarlas a lo largo de tu vida. La vejez no es la excepción. Se trata de una época en la que es fácil que el cerebro se oxide a menos de que se gestione bien, por lo que debes manejar tu cerebro más activo ahora que en cualquier otro momento de tu vida.

Dale a tu cerebro vitamina ES

Las necesidades básicas de la vida son las mismas durante la vejez que en cualquier otro momento de nuestra vida y todo lo que hace a una persona saludable hace al cerebro saludable. Por lo que, si quieres tener un cerebro saludable, desarrolla un estilo de vida con hábitos saludables que contribuyan con la salud de tu mente y cuerpo – duerme lo suficiente, ejercítate regularmente, mantén una alimentación balanceada y participa en actividades sociales apropiadas.

Sin embargo, hay algo que resalta en términos de necesidades nutricionales del cuerpo, mente y espíritu: la esperanza. Sin la esperanza, no hay impulso para vivir y, mientras más esperanzas tengamos, más entusiasmados y motivados nos sentiremos. La esperanza es el suplemento más poderoso disponible para nosotros y, afortunadamente, podemos suministrarnos esperanzas siempre que lo necesitemos cambiando nuestros pensamientos y actitudes. Sin importar si tienes 80 años, las esperanzas y los sueños son la mejor forma de activar y comprometer a tu cerebro.

Un estudio conducido por Patrick Hill de la Universidad de Carleton en Ottawa, Canadá, siguió a más de 6.000 participantes durante 14 años. Se encontró que las personas que tenían una meta en la vida tenían un riesgo de muerte 15 por ciento menor que las que no. Según lo demostrado por el estudio, encontrar una meta te ayuda a vivir más tiempo sin importar cuándo logres ese propósito, pero mientras más temprano una persona encuentre esa dirección en la vida, más temprano se harán evidentes estos aspectos positivos. Un mayor propósito en la vida ha predicho consistentemente riesgos menores de mortalidad en todo el período de vida de las personas, mostrando los mismos beneficios para los participantes más jóvenes, personas de edad media y mayores durante el período de seguimiento, ha dicho Hill. Agregó "hay muchas razones para creer que contar con un propósito ayuda a proteger a los adultos mayores más que a las personas jóvenes". Los resultados de esta investigación fueron publicados en una edición del 2014 en *Ciencias Psicológicas*.

Las personas con propósito también tienen menores probabilidades de sufrir de demencia, de acuerdo los resultados de un estudio publicado por Patricia Boyle, PhD, en los *Archivos de Psiquiatría General* en el 2012.

Yo puedo hablar con una mayor confianza gracias a estos resultados de investigación, pero, de hecho, este principio es obvio cuando se piensa realmente en él. Las personas que tienen un propósito, que tienen esperanzas y sueños, serán naturalmente más positivas sobre sus vidas y más proactivas en sus cuidados – se ejercitarán más, comerán mejor y gestionarán el estrés mejor. Estas actitudes hacia la vida producen resultados que se acumulan con el tiempo, contribuyendo naturalmente con la salud del cerebro en el largo plazo y con la longevidad.

Se podría decir que he desarrollado Educación Cerebral para este propósito: dar esperanzas. En este sistema hay cinco pasos clave: Sensibilizar el Cerebro, Dar Versatilidad al Cerebro, Refrescar el Cerebro, Integrar el Cerebro y Dominar el Cerebro, además hay docenas de métodos de entrenamiento en cada paso. Los primeros pasos son un proceso para relajar el cuerpo y la mente y para reflexionar y liberar las emociones, patrones de pensamiento y creencias que actúan negativamente sobre tus esfuerzos para crear tu destino positivamente. Los siguientes dos pasos son un proceso para descubrir quién eres y qué quieres, y para rediseñar tu vida con base en esto. Todos los pasos son muy fáciles y te mueven hacia una recuperación completa de la esperanza para ti y para el mundo.

Aunque las necesidades de los seres humanos pueden ir cambiando a lo largo de la vida, creo que la necesidad de la esperanza siempre predomina, sin importar la edad. Con la

Educación Cerebral, hemos sido particularmente exitosos alcanzando a niños que están en condiciones socioeconómicas que los dejan sin un futuro, y las investigaciones han demostrado sus beneficios.

Un buen ejemplo sería el Proyecto de Educación Cerebral de El Salvador, que fue iniciada en el 2011 por IBREA FOUNDATION. Esta es una ONG que fundé en el 2008, que tiene un Estatus de Consultoría en el Consejo Económico y Social de las Naciones Unidas. Después de un proyecto piloto de tan solo tres meses de clases de Educación Cerebral impartidas por IBREA FOUNDATION, los estudiantes en una escuela de una de las áreas más violentas de El Salvador mostraron una mejora estadísticamente significativa en la ansiedad en las pruebas, síntomas de traumas, auto-regulación y relación con sus pares. Conforme el proyecto exitoso se expandía a cuatro escuelas y después a todo el país, más efectos positivos pudieron verse en los estudiantes y cultura escolar en general. Los niños recuperaron su risa y comenzaron a sentir esperanza.

Gloria Mueller es la directora de la Escuela Joaquín Rodezno, una de las escuelas de San Salvador, capital de El Salvador, en las que el programa fue implementado. Cuando la conocí hace algunos años, me impresionó mucho la historia que compartió conmigo:

Nuestra escuela está en una de las zonas más violentas de mi ciudad. Los estudiantes han estado inmersos en drogas y más de la mitad de los mismos tienen cierto grado de involucramiento con pandillas.

Con estudiantes desanimados bajo los efectos de las drogas, los profesores les temían y todo lo que hacían era evitar ofenderles.

Después de haber incorporado Educación Cerebral en el currículo, las cosas comenzaron a ser diferentes. El primer cambio fue una mejora significativa en el desempeño académico. La violencia y el uso de las drogas también disminuyeron ampliamente. Pero lo que me resultó más impresionante fueron los cambios positivos en su auto-regulación y relaciones.

Un adicto a la cocaína, José (no es su nombre real) de 17 años, fue expulsado de su casa. Solamente se acercaba a la escuela para obtener drogas. Después de haber participado en el programa piloto de Educación Cerebral, pudo superar su hábito de consumo de drogas y ahora se prepara para una transición a un grado más alto.

Los profesores fueron testigos de cómo los niños que antes no tenían expectativas sobre el futuro comenzaron a hablar sobre sus metas y sueños. Ahora puedo ver que la motivación de los profesores ha mejorado dramáticamente.

Después de una serie de casos de éxito, 10 por ciento de las escuelas públicas de El Salvador están implementando actualmente la Educación Cerebral a través del proyecto de IBREA FOUNDATION en el país. El Ministerio de Educación de El Salvador soporta completamente el programa y ha observado cómo está dando resultados sostenibles dentro de las escuelas.

Además de El Salvador, la Educación Cerebral ha traído esperanzas a estudiantes y comunidades en Estados Unidos, Corea del Sur, Japón, África y Europa. Los estudiantes jóvenes de Educación Cerebral, especialmente aquellos en ambientes de pobreza y contextos retadores, me han enseñado la importancia del poder de elegir la esperanza. Cuando experimentan amor y respeto por ellos mismos, comienzan a mirar en el futuro con confianza en lugar de desesperación.

Creo que las personas mayores de hoy no son tan diferentes a esos niños. Al igual que ellos, muchas personas mayores sienten que han sido dejadas a un lado, como si la sociedad en conjunto les valorara muy poco. Y como estamos viviendo más tiempo, muchos de nosotros viviremos décadas bajo esta condición. Esta es una verdadera tragedia humana; al igual que muchos niños están comenzando sus vidas sin esperanza, muchas personas mayores están terminando sus vidas sin esperanza. Ha sido una gran alegría ver a los practicantes de la Educación Cerebral que han alcanzado la segunda mitad de sus vidas redescubrir sus esperanzas y disfrutar vidas vibrantes.

La esperanza, después de todo, es una fuente perfecta de poder. ¿Por qué? Puedes crear algo nuevo si tienes esperanzas, incluso en una situación en la que no tengas más nada, y puedes superar estas dificultades en cualquier situación terrible si tienes esperanza. No se requieren precondiciones para elegir esperanza. No tienes que ser joven, tener mucho dinero, o tener un talento especial. La esperanza es algo que simplemente encuentras. Descubres la esperanza para ti mismo; y si no puedes encontrarla, entonces la creas.

Cuando elegimos la esperanza, nuestros cerebros segregan una gran cantidad de hormonas positivas y movemos nuestros corazones con nuevas expectativas, calentándolos con alegría y pasión. Un cerebro sin esperanza es como una estación de servicio que se ha quedado sin combustible. Si abandonamos la esperanza, los temores y preocupaciones toman su lugar. Sin esperanza, tu cerebro se vuelve más débil, sin importar qué tantos buenos alimentos consumas, cuán diligentemente te ejercites, o cuántos crucigramas resuelvas. Los cerebros viven de los sueños. Y los cerebros son tan activos como lo permiten los sueños, no más. El secreto de vivir con vitalidad durante tu vejez – mantener un cerebro joven y saludable – es inspirar tu cerebro con esperanzas y sueños.

Recuerda a tu cerebro este maravilloso poema en prosa de Samuel Ullman, popularizado por el General Americano Douglas MacArthur:

Nadie se hace viejo simplemente por vivir cierta cantidad de años.
Las personas envejecen por abandonar sus ideales.
Los años pueden arrugar la piel, pero renunciar al
*   entusiasmo arruga el alma.*
Preocupación, dudas, desconfianza, miedo y desesperación –
* estos son los años más largos*
que doblan la cabeza y convierten
*   el crecimiento del espíritu en polvo.*

Puede que pienses, "ya estoy jubilado, por lo que todo el trabajo importante de mi vida ya se ha terminado. Ya no tengo nada que esperar, ni tampoco esperanzas". En el momento en que empieces a pensar así, tu cerebro se pasa a la modalidad de energía baja. Tu nivel de energía disminuye, aunque todos los días comas las mismas comidas que antes. Tu cuerpo se vuelve blando como un pedazo de algodón mojado y te encuentras con que no tienes muchas ambiciones de conocer nuevas personas o probar nuevas actividades. La segregación de la serotonina y la dopamina, que nos permiten sentir alegría y felicidad, disminuyen.

Cuando pierdes esperanza, tu cerebro elige el estatus quo sobre los nuevos retos. Incluso si nuevas oportunidades aparecen, no las aceptas diciendo "¿a mi edad? Debes estar bromeando". Cuando renuncias a la idea de crear un mañana que sea mejor que el hoy, tu cerebro se envejece y se vuelve inútil. Empieza a enviarle esa energía de incapacidad a todo tu cuerpo y al mundo que te rodea.

"Ya estoy retirado, por lo que pienso que lo que me queda es dedicar mi tiempo a mis nietos, o a cualquier cosa". Los amigos que tienen el hábito de decir estas cosas envejecen rápidamente. Sus vidas son tan monótonas que inclusive sus conversaciones son aburridas, incluyendo muy pocas cosas nuevas. Por otro lado, los amigos que tienen sueños y esperanzas incluso después de retirarse encuentran cosas que hacer, viven vigorosamente mientras participan en actividades que les apasionan. Cuando te ves con esos amigos, las conversaciones se vuelven alegres, y pueden dar y recibir estímulos e inspiración.

Si piensas que estás viejo, estás viejo

El tipo de información que le das a tu cerebro es importante. Si sigues soñando, diseñando activamente el resto de tu vida, tu cerebro estará lleno de esperanzas y un nuevo sentido de las expectativas. Te ayudará a mantener tu cuerpo y mente saludables, movilizando completamente tus músculos, huesos, órganos, sistema nervioso y hormonas.

Muchos estudios muestran que pensar positivamente o negativamente sobre tu edad afecta realmente tu calidad de vida durante la vejez, así como tus expectativas de vida. De acuerdo con un estudio conducido por el profesor Andrew Steptoe del Colegio Universitario de Londres, las personas que pensaban sobre sí mismas como más jóvenes que lo que realmente eran vivían aproximadamente 50 por ciento años más durante el curso del estudio que las que pensaban en sí mismas como mayores de lo que son.

Aún más sorprendentemente, algunas investigaciones han mostrado que cuando pensamos, "estoy viejo", nuestras habilidades cerebrales disminuyen. El Dr. Thomas Hess de la Universidad Estatal del Norte de California realizó una prueba de memoria en personas en edades entre los 60 y los 82 años en comparación con aquellos que piensan negativamente sobre su edad y memoria con los que tenían una perspectiva positiva. Los individuos que tienen actitudes negativas sobre su edad sacaron menores calificaciones. En otras palabras, los pensamientos negativos como "mi memoria es mala porque soy viejo", o "mi memoria va a empeorar porque soy un hombre viejo y las personas me desprecian por esto", de hecho, empeoran la memoria.

De acuerdo con un reporte del 2016 sobre un estudio de dos años realizado sobre 4.135 personas mayores en Irlanda, aquellos que tenían actitudes negativas hacia su edad caminaban más lento y tenían peores habilidades cognitivas que aquellas con una perspectiva positiva. Un punto muy interesante es que los mismos resultados fueron observados incluso cuando los medicamentos u otros factores que afectan el humor y la salud fueron tomados en consideración. Deidre Robertson, PhD, uno de los principales investigadores del estudio, dijo que "la forma en que pensamos, hablamos y escribimos sobre envejecer afecta directamente nuestra salud. Todo el mundo envejece, pero si tenemos una actitud negativa sobre envejecer en nuestras vidas, esto puede tener un efecto medible y peligroso en nuestra salud mental, física y cognitiva".

Probablemente habrás escuchado sobre los efectos placebo y nocebo. El efecto placebo es un fenómeno en el que una medicina falsa sin eficacia tiene todos los efectos reales si el usuario cree que será efectivo. En contraste, el efecto nocebo es cuando los medicamentos que realmente son efectivos no muestran efectos en los usuarios porque no creen en su capacidad. Ambos casos nos muestran los poderosos impactos que nuestros pensamientos pueden tener sobre el cuerpo y la mente.

Darnos mensajes positivos y llenos de esperanza durante nuestra vejez es fundamental para la salud cerebral. El cerebro opera más vigorosamente y exhibe su más alto desempeño cuando estamos alegres, cuando nos sentimos felices, y cuando pensamos en nosotros mismos como seres nobles.

La información es comida para el cerebro. Al igual que debemos preocuparnos por los alimentos que consumimos para proteger nuestra salud física, debemos preocuparnos con la información para el bien de la salud de nuestro cerebro. Si comes los alimentos incorrectos, puedes indigestarte o intoxicarte, ganar o perder peso, enfermarte o incluso morir. De la misma forma, mientras que una mala intformación nos puede desalentar, hacernos sentir molestos o tristes. Una buena información hace un buen cerebro, al igual que una buena comida hace al cuerpo saludable.

¿Qué tipo de mensajes e información le estás dando a tu cerebro en relación con la vejez? ¿Qué información estás aceptando de otros? Rechaza de plano ideas socialmente aceptadas que no te ayudarán a vivir tu vejez con salud, felicidad y plenitud. Sin importar cuánta información deprimente los medios nos quieran hacer consumir, puedes decidir qué actitud tendrás cuando envejezcas. La segunda mitad de tu vida es una época para completar tu existencia de la forma en que lo desees. Ama esta época y considérala preciosa y significativa. Inspira incesantemente a tu cerebro con mensajes que te den expectativas, pasiones, sueños y esperanzas.

No dejes a tu cerebro en su configuración por defecto

Lisa Feldman Barret, profesora de psicología en la Universidad del Noreste de Boston, Massachusetts, escribió recientemente un artículo en el *New York Times* sobre un estudio de las personas con superedad. Estas son personas cuya edad biológica es más de 80 años, pero sus funciones cerebrales son iguales a las de una persona de 25 años, específicamente al hablar de memoria y concentración.

¿Cuáles áreas del cerebro de personas con superedad se activan más que en las personas mayores ordinarias? Los resultados de los estudios indican que las áreas que gestionan las emociones y los sentimientos –no las que gestionan los procesos cognitivos o el pensamiento– son las que están más activas, contradiciendo lo que nos indicaría el sentido común. Entonces, ¿qué podemos hacer para mantener estas áreas cerebrales tan activas como cuando éramos jóvenes? La profesora Barrett sugiere "continuar realizando actividades difíciles, sin importar si son mentales o físicas".

Un alto nivel de actividad en estas áreas del cerebro hace que sintamos emociones negativas como cansancio y frustración. Estos son los sentimientos que obtenemos cuando luchamos con un problema de matemáticas difícil o presionamos los límites físicos durante el ejercicio. Puedes desarrollar un cansancio incómodo del cuerpo o la mente cuando tienes que enfocarte intensamente, pero puedes desarrollar tus músculos mentales para alcanzar una memoria más aguda y un mejor poder de concentración.

Me he alegrado cada vez que me he cruzado con estos artículos, porque parece que las convicciones que he desarrollado a través de mis propias experiencias están soportadas por investigaciones científicas. Vivir una vida cómoda, fácil y sin preocupaciones no es lo mejor para la salud cerebral. Para la salud de tu cerebro, es necesario aumentar la carga de trabajo. Es importante no dejar al cerebro en su modalidad por defecto, haciendo lo que siempre ha hecho; por el contrario, hay que darle constantemente nuevas tareas y estimulaciones.

Normalmente, una vez que las personas envejecen, no estimulan activamente sus cerebros en gran medida. Esto parte de una perspectiva similar a aquella que tenemos cuando, por ejemplo, un jefe no es una inspiración para trabajar duro. Un principio básico para la operación del cerebro es que este mejora cuando es estimulado y disminuye cuando no tiene estimulación. Las esperanzas y los sueños son los mejores estímulos que le podemos dar a nuestro cerebro. Nuestros cerebros son altamente activos cuando nuestras vidas tienen propósitos, dirección y planes.

Las personas mayores ya no pueden utilizar la edad como una excusa, afirmando que un cerebro oxidado les impide hacer o aprender algo nuevo. Nuestros cerebros son capaces de aprender hasta los momentos finales de nuestras vidas. Sin embargo, el aprendizaje no ocurre de forma fluida sin repetición y práctica, sin importar qué tan flexibles o buenos para el aprendizaje sean nuestros cerebros. Debemos tener la voluntad de continuar experimentando y aprendiendo cosas nuevas, y debemos avanzar en la irritante repetición y dificultades que enfrentamos en el proceso de aprendizaje. También debemos recordar que las décadas que nos han dado después de nuestra jubilación nos dan suficiente tiempo para aprender a través de la repetición y el entrenamiento, incluso si nunca lo hemos hecho antes.

Meditación cerebral para una energía positiva

Repetir de forma consciente pensamientos sobre ti mismo con un efecto positivo sobre el futuro se conoce comúnmente como afirmación positiva. Yo lo llamo dar a tu cerebro mensajes y afirmaciones positivas.

Para enviar adecuadamente mensajes a tu cerebro, primero debes ser claro en cuanto a qué quieres. Si realmente no sabes lo que quieres en la vida, no podrás comunicarlo fuertemente a tu cerebro. Intenta tomarte un tiempo para revisar qué es importante y significativo para ti conforme respondes las preguntas planteadas en el Capítulo 4 de este libro. Una vez que tengas claro qué quieres, exprésalo por escrito en un pedazo de papel. Como ejemplo, este es un mensaje que suelo dar a mi cerebro durante estos días:

Tengo una fuerza vital rebosante que me permitirá vivir hasta los 120 años. Estoy lleno de la energía infinita del amor y la creación. Completaré el Earth Village mientras vivo hasta los 120 años con salud y felicidad.

Escribe tu propio mensaje, el que desees ofrecerle a tu cerebro. Hazlo corto, positivo y en primera persona – un mensaje de "yo". No tiene que ser un mensaje fijo; puedes cambiarlo de la forma que desees, y cambiará normalmente conforme creces.

Incluso si le das a tu cerebro un buen mensaje, no podrá aceptarlo fácilmente si tu cuerpo está tenso y tu mente está atrapada en los pensamientos, al igual que podrías tener dificultades para escuchar a una persona si estás en un lugar muy ruidoso. Para permitirle a tu cerebro aceptar el mensaje que le das, necesitas silenciar tu cuerpo y mente a través de la relajación. El siguiente método de entrenamiento te permite hacerlo de forma rápida y sencilla.

Siéntate cómodamente en una silla o en el suelo. Levanta tus manos y toca la parte superior de tu cabeza con tus dedos relajados. Toca gentilmente toda tu cabeza durante dos o tres minutos – la parte superior, los lados y la parte posterior, y el lugar en el que se encuentran tu cuello y tu cabeza. Relaja los músculos faciales y la mandíbula, después abre ligeramente la boca. Al tocar tu cabeza para estimular sus puntos importantes de energía, puedes liberar energía estancada y permitir la circulación de energía fresca. Conforme es liberada la energía que solía estar bloqueada, te encontrarás exhalando lentamente a través de tu boca, "hooo....". Al terminar de tocar tu cabeza, recorre tu cabeza y rostro varias veces con las palmas de tus manos.

Ahora haz unos puños sin demasiada fuerza con tus manos. Alternando tus manos, toca gentilmente la parte baja de tu abdomen, utilizando la parte baja de tus puños (en donde está tu dedo meñique). El punto exacto que debes tocar es tu dahnjon inferior, dos pulgadas por debajo de tu ombligo. Al tocar aquí, el principal centro de energía del cuerpo, fortalece la energía del cuerpo y le permite calentarse.

Cuando tus movimientos hayan desarrollado un ritmo, comienza a sacudir tu cabeza de lado a lado. El punto no es pensar en algo en particular; simplemente sacude tu cabeza como si estuvieras sacudiendo tus pensamientos. Descarga tu energía pesada y estancada al continuar respirando a través de tu nariz. Sentirás cómo tu respiración se vuelve más ligera y más natural conforme se abren los bloqueos de tu pecho y tu tensión es liberada. Esto crea un estado de energía – cabeza fría, pecho abierto, abdomen cálido – que permite que el cuerpo y el cerebro funcionen óptimamente. Continúa durante tres a cinco minutos y después detente. Con tus ojos cerrados, intenta silenciosamente sentir tu respiración conforme inhalas y exhalas lentamente cinco veces.

Yo llamo a esta técnica Vibración de Ondas Cerebrales. Puedes ver un video que te enseñará este método de entrenamiento del cerebro en Live120YearsBook.com. Otro enfoque que puede tener un efecto similar es la Sanación del Ombligo, presentada en el Capítulo 5 de este libro.

Ahora tu cerebro está listo para aceptar mensajes. Cierra silenciosamente tus ojos y dile a tu cerebro el mensaje que has escrito. Por ejemplo, si quieres darle el mensaje de que "estoy lleno de un amor y creación infinitos", visualízalo como si ya lo hubieras logrado. Imagina la energía del amor y la creación infinita dentro de ti mientras lo experimentas como un fenómeno energético. Sigue visualizando e imaginando cómo te llena esta energía. El sistema de energía de nuestro cuerpo y la operación de nuestro cerebro son geniales por su grandeza y perfección. Imagina un limón, y tu mente se llenará de saliva; sientes inmediatamente lo que te imaginas. Es la ley de la energía: la mente crea energía. Si continúas visualizando lo que quieres, podrás atraer esta energía.

Ahora continúa repitiéndote, en voz alta, una frase que quieras decirle a tu cerebro. Incluso podrías grabar y reproducir el mensaje en tu propia voz, o lo que sientas que te haga asimilarlo tan vívidamente como sea posible. Haz esto con un corazón sincero. Entonces, en algún momento, sentirás el mensaje moviéndose profundamente, dándote fortaleza y voluntad.

Cuando culmines esta meditación, expresa tu gratitud a tu cerebro y tu alma. Di que estás agradecido de que han hecho lo mejor que han podido para soportarte y que utilizarás correctamente la creatividad infinita en tu cerebro y el gran amor del alma hasta el último momento de tu vida. Hazlo con todo tu corazón.

Nuestros cerebros nos conducen a la plenitud

Cuando envejecemos y hemos experimentado las muchas subidas y bajadas de la vida, adquirimos la sabiduría para despertar ante la verdad de la vida y los principios de la naturaleza. Los estudios muestran que durante la vejez tomamos decisiones más sabias porque controlamos nuestras emociones mejor y somos menos impulsivos. Los cambios en nuestros cerebros nos hacen menos dependientes de la dopamina, la hormona que nos hace sentir bien.

Cuando entramos en la vejez, tenemos tiempo para la reflexión y la contemplación. Conforme el carácter finito de nuestras vidas llega a casa, reflexionamos sobre cómo hemos vivido hasta ahora y pensamos seriamente sobre lo que hemos dejado atrás. También pensamos en qué es lo que nos ofrece verdadera felicidad y significado, debido a que hemos aprendido a partir de la experiencia de que el éxito y la posesión material no lo son todo en la vida. En este sentido, nuestra sensibilidad espiritual madura más durante la vejez que en cualquier otra época.

Meditar mientras te enfocas silenciosamente en tu cerebro, mirando las nuevas hojas florecer en un árbol para recibir la primavera, dándole la bienvenida con un gran abrazo a un nieto que está corriendo hacia ti, decirle adiós a un ser querido y recordar lo que esta persona ha dejado en tu vida – durante estos momentos, ¿alguna vez has tenido la sensación de que la vida no es algo finito que aparece con tu nacimiento y desaparece con tu muerte, que ha existido antes de ti y que seguirá existiendo después de que desaparezcas? Esta es la sensación de estar conectado con ese espacio y tiempo trascendentes e infinitos, un algo eterno.

Estas experiencias espirituales son fenómenos que surgen de nuestro cerebro. Nuestros cerebros son órganos con funciones y potencialidades inimaginables, los dispositivos más complejos y significativos en el mundo. Estoy fascinado con el cerebro humano, que hace que nos preguntemos quiénes somos, permitiéndonos trascender al ser pequeño y expandir a nuestra consciencia al ser más grande en nuestra búsqueda de respuestas, y nos empodera para descubrir la naturaleza divina escondida en cada momento de nuestras vidas ordinarias. Yo estoy impresionado por el cuidado del Creador, que nos diseñó de forma que nuestros sentidos espirituales maduraran en nuestro período de plenitud más que en cualquier otro momento.

Preguntarnos quiénes somos realmente, buscar respuestas a estas preguntas y convertirnos en nuestros verdaderos seres -esta es realmente nuestra tarea más grande en la vida y la motivación más importante que le podemos dar a nuestros cerebros. Una vida de plenitud a través de la que podamos cumplir completamente nuestro valor es el sueño y esperanza más importante que podemos tener durante nuestra vejez. Nuestros cerebros están preparados para soportarnos perfectamente en nuestro viaje a la plenitud. Todo el mundo puede experimentar la plenitud siempre que mantenga su voluntad y pasión hacia esa meta, y la humildad y gratitud de aprender y crecer a través de la experiencia.

CAPÍTULO 10

Cultívate a ti mismo continuamente

Una vez que hayas vivido la primera mitad de tu vida, ¿cuántas cosas te habrán sucedido? ¿Cuántos deseos y subidas y bajadas emocionales habrás experimentado? En el proceso de surfear las olas del deseo y las emociones, tanto los casos placenteros como los incómodos, habrás estudiado automáticamente lo que es la vida; no habrías podido evitarlo, incluso de haberlo intentado. Por esa razón considero que la tercera edad es el momento ideal para el despertar. Ahora tienes más tiempo que nunca, y las condiciones son perfectas para liberarte de responsabilidades relacionadas con la familia y la sociedad, con la posibilidad de comenzar a enfocarte completamente en ti mismo. Las experiencias de vida y habilidades que has obtenido proveen un escenario fructífero para el estudio de la mente.

Tres realizaciones acerca de la vida

En mi libro *Viviendo el Tao: principios atemporales para la iluminación diaria*, se introducen tres descubrimientos relacionados a la vida. Si eres una persona mayor, entonces para este momento habrás comprendido al menos dos de estos tres, principalmente debido a tus experiencias en la vida.

La vida es sufrimiento. Este es el primer descubrimiento. Cualquiera que haya vivido por 60 años habrá sentido que la vida es verdaderamente sufrimiento. Aunque no sabemos la razón, nos despertamos para encontrar que hemos nacido en este mundo, y ya que tenemos cuerpos, entonces debemos salir a vivir. Diariamente debemos alimentar, vestir, lavar y darle descanso a nuestro cuerpo. Debemos apurarnos para satisfacer todas sus necesidades y deseos. Mientras envejecemos comprendemos que todas esas subidas y bajadas en la vida son una especie de sufrimiento que pudimos haber evitado en caso de no haber nacido en este mundo. Por lo que en el budismo se dice que la vida en sí misma es sufrimiento.

La vida es transitoria. Los ancianos aprenden el siguiente estado de la plenitud mediante la experiencia directa. Las personas entre 60 y 70 años pueden estar todavía en una edad relativamente temprana para sentir que la vida es efímera. Cuando llegan a los 80, y la muerte comienza a acercarse, no pueden evitar sentir que la vida parece tener un pequeño propósito. ¿Por qué? Pues porque tarde o temprano tenemos que dejar todo atrás. No podemos llevarnos las riquezas que hemos conseguido en este mundo, ni la ropa, accesorios, ni siquiera una hebra de nuestro cabello. Tenemos que partir, dejar todo lo material y físico. Cuando la muerte se acerca puede que sintamos que la vida no tiene sentido. "Viví toda mi vida esforzándome tanto, pero no puedo llevar nada conmigo. ¡Tengo que dejarlo todo! ¿Para qué, para quién, me he esforzado tanto?". Al pensar tales cosas puede que nos encontremos inmersos en un arrepentimiento sobre la vida que hemos tenido.

Si eres una persona de la tercera edad que ha experimentado estos dos descubrimientos, ya has alcanzado un nivel considerable en el estudio de la mente.

El problema es que mientras muchas personas entienden que la vida es sufrimiento y es transitoria a la vez, fallan al tratar de pasar al siguiente nivel. Muchos dejan que los años pasen sin esperanzas o sueños, inmersos en sentimientos de futilidad sobre la temporalidad de la vida. "¿Qué puedo hacer a esta edad? Es mejor simplemente vivir cómodamente y morir tranquilo", piensan, viviendo de la misma forma día tras día, pasando a través de las emociones sin prestar atención, una y otra vez, al igual que un péndulo o un reloj.

Piensa detalladamente en ello. Si sintieras que la vida es efímera y que se detiene ahí, si ese fuera el final de todo, ¿podría existir una vida con menos sentido que esa? ¿Hemos venido al mundo y luchado por tanto nada más para experimentar ese sentido de futilidad? ¿Quieres que esa sea la última percepción espiritual que obtengas en este mundo? Probablemente no. Si realmente hay un sentido para la vida, entonces este debe ser la etapa de la realización que viene luego de conquistar el nihilismo. Y todos los nacidos en este mundo deberían dejarlo habiendo ganado esa realización, ya que solamente para ellos la vida finalmente tendrá sentido.

¿Cuál es el tercer descubrimiento de la vida? Cuando decimos que la vida es sufrimiento y fútil, la vida de la que estamos hablando es la del cuerpo – en otras palabras, es el ego. Si has visto a través de las ilusiones para comprender este hecho demasiado obvio, y entender los límites de la vida centrada en el cuerpo, entonces puede que tengas una sensación por la naturaleza de la vida que existe más allá del cuerpo. Eso es correcto: el alma, el mundo espiritual e invisible. El alma es nuestra substancia y la esencia de la vida.

El alma no es el ego. El alma se siente encadenada cuando el ego está presente. En ese estado, el alma no puede ser libre, ni estar en paz o crecer. En mi descripción anterior de la realización del alma dije que en el proceso del Chunhwa la energía del alma crece y se eleva hacia el cerebro, en donde debe unirse con la energía de la divinidad. Cuando nuestras almas se encuentran y unen con la naturaleza divina experimentamos una alegría y paz superiores junto a una luz más grande y brillante. Ese es el tercer descubrimiento, el concepto de la *nada*, o *mu* en coreano.

El significado literal de la palabra "mu" no existe, pero es un concepto que trasciende la existencia y la inexistencia. Es un estado de unidad cósmica en el que trasciendes de tu ser inferior, tu ego, para convertirte en uno junto al universo. La nada no es un concepto material; significa la energía superior de vida del cosmos. Es la fuente infinita de la vida, el mundo de la energía, que está compuesto por estar y no estar, lo visible y lo invisible, materia y espíritu. Por ende, este es el tercer descubrimiento: *El cuerpo y el ego no son mi esencia; la gran energía de vida del cosmos es la substancia de la que soy, y soy uno con todas las cosas.* A esto se le llama *muah* en coreano (literalmente "no-ser"), lo que se traduce en un estado en el que me he despertado en mi ser superior, que es uno con el universo, y no en mi ser inferior, mi ego.

¿Quieres terminar tu vida luego de vivir sentidamente con conciencia de que la vida es sufrimiento e insignificancia? ¿O quieres terminar tu vida dándote cuenta de que tu sustancia es una con la energía de vida infinita del cosmos y vivir para la paz y la realización, para el Chunhwa? Creo que todos los ancianos pueden aprovechar este tercer descubrimiento y espero que lo hagan. Únicamente cuando hayamos sentido esto nuestras vidas podrán escapar del sufrimiento y la angustia. Para ese momento habremos comprendido el camino del Chunhwa, el cual dice que somos uno con la gran energía de vida del cosmos y que el lugar al que regresaremos luego de fallecer también es la fuente de la energía de la vida.

Pero solamente porque te hayas percatado de esto no significa que hayas terminado. La iluminación es solamente el comienzo, no el final. Lo que es importante es vivir una vida despierta, una vida espiritual. Si tienes curiosidad acerca de la vida espiritual, entonces piensa en lo opuesto, acerca de lo que se trata la vida física. Una vida física está centrada alrededor de las necesidades del cuerpo. Comparado con eso, una vida espiritual está centrada alrededor del crecimiento y la realización del alma.

Tenemos una gran cantidad de vida incluso después de haber llegado al tercer descubrimiento. ¿Qué debes hacer durante ese tiempo? Una vida espiritual ideal durante la tercera edad significa desarrollar la realización del alma mientras la pones en práctica. Una vida centrada en el crecimiento del alma, y no en las necesidades del ego, comienza ahora con sinceridad. Esta es la segunda mitad de tu vida, una vida vivida para la realización luego de los 60 años.

Propongo tres elementos concretos para vivir una vida espiritual. El primero es auto cultivarse constantemente, el segundo es el Hongik – la acción de dar y compartir benevolencia, y el tercero es estar cerca de la naturaleza. Una combinación de estos tres elementos es perfecta para la realización del alma. En este capítulo hablaré sobre el desarrollo personal, y en los siguientes capítulos lidiaré con una vida de Hongik y acercamiento a la naturaleza.

Entrena continuamente tu cuerpo, mente y espíritu

En el corazón de la cultivación personal está el entrenamiento continuo del cuerpo, mente y espíritu. El ejercicio físico, como los programas de ejercicios de un minuto de los que hablé en el capítulo 5, son una forma de entrenar mente, cuerpo y espíritu. Nunca dejes de ejercitarte mientras tengas suficiente fuerza para mover tu cuerpo, como Robert Marchand, ciclista de 105 años, que se ejercita durante una hora al día. Ese es el fundamento más básico.

Pero también hay algo que recomiendo enormemente además del ejercicio físico: la meditación.

La esencia de la meditación es estar completamente presente en el momento. Generalmente, nuestras mentes están llenas de pensamientos complejos, tanto positivos como negativos. En lugar de estar en el aquí y ahora, nuestras mentes divagan y persiguen otros pensamientos, sentimientos, estímulos sensoriales e información que nos rodea. La meditación se trata de traer tu mente de vuelta al aquí y el ahora, observando y reconociendo los fenómenos que se elevan en tu mente y cuerpo en este momento.

Todas las acciones que te liberen de pensamientos, emociones para calmar tu mente, y todo lo que traiga la atención de tu mente de vuelta al momento presente y actual, pueden ser consideradas como formas de meditación. Puedes meditar mientras estás sentado o caminando, y también puedes hacerlo mientras tomas una taza de té. Al meditar, los diferentes pensamientos y emociones que se pasean por tu mente se calman, dejándote ver con mayor claridad la situación que estás enfrentando, o las tareas que necesitas completar. Puedes tomar mejores decisiones con el conocimiento de cada caso y completar las acciones correctas con una mente clara y calmada. Aunque hay diferentes formas de meditar, la que yo uso con mayor regularidad es la meditación respiratoria. Es fácil de llevar a cabo y sus efectos son poderosos.

Durante los 60 años que constituyen la primera mitad de la vida, puede que las personas no tengan tiempo suficiente para sentir y cuidarse, o que les cueste concentrarse en el acá y ahora porque están lidiando con los problemas de la vida y con las diferentes formas de cansancio que surgen de las relaciones personales. Pero el tiempo ya no es un obstáculo para las personas de la tercera edad, quienes podrían estar aburridas porque no saben qué deben hacer con todo el tiempo que tienen en sus manos. No es más que una excusa cuando una persona mayor dice: "No tengo suficiente tiempo para meditar".

Hay mucho que ganar mediante la práctica de la meditación. Lo primero que te permite es limpiar la información en tu cabeza y controlar tu mente. Al vivir en medio de los conflictos de las relaciones personales y las pruebas de la vida, todos están en riesgo de experimentar un corazón problemático en algunos momentos, sin importar qué tan brillante y grande haya sido el despertar de conciencia que hayan experimentado. Es totalmente natural. La meditación es una excelente forma de calmar la agitación y suavizar nuestras subidas y bajadas emocionales.

Por ejemplo, piensa en la forma en que respiras cuando estás molesto. Tu respiración en ese momento probablemente es corta, vacía y fuerte. Cuando eso suceda simplemente trata de sentarte y controlar la respiración, sin hacer ninguna otra cosa. Simplemente inhala y exhala lentamente. Controla tu respiración de esa forma durante un rato y verás que, increíblemente, la energía de la ira se echará a un lado y tu mente se calmará. Tus emociones se alejarán y retornará tu razón. Este cambio lo puedes completar simplemente respirando, sin hacer ninguna otra cosa, pero sorpresivamente esto también controla tu mente. Al llegar más oxígeno a tu cuerpo y cerebro mediante la respiración calmada, suceden otros fenómenos psicológicos. Tanto tus latidos como tus ondas cerebrales recuperan estabilidad, segregas hormonas que estabilizan el humor y se relajan los músculos de tu cuerpo. Has completado la meditación respiratoria sin darte cuenta de ello.

Muchos estudios han mostrado que la meditación reduce el estrés, estabiliza la mente y crea emociones positivas. Algunos estudios también indican que cuando meditamos, ocurren cambios físicos en diferentes partes del cerebro que controlan los sentimientos de compasión y felicidad. Un equipo de investigación liderado por la Dra. Sarah Lazar, una psicóloga de la Escuela de Medicina de la Universidad de Harvard encontró que incluso la gente común – no solamente los expertos en meditación como los monjes tibetanos – experimentan un engrosamiento de partes específicas del cerebro cuando meditan. Los investigadores contactaron a profesionales para que meditaran diariamente durante 40 minutos por períodos de dos meses a un año. Descubrieron que las zonas del cerebro que manejan los sentimientos de compasión y felicidad crecieron de 0,1 a 0,2 milímetros. En resumen, la meditación ayuda a nuestro cerebro a expresar mejor nuestro potencial espiritual.

La meditación también te permite sentir tu alma. Para vivir una vida espiritual y desarrollar la energía de tu alma, no debes pasar por alto el sentimiento de tu alma. Debes saber si estás viviendo una vida espiritual y si tus acciones, trabajo y comportamiento tienen un efecto positivo o negativo en el crecimiento de tu alma. El único estándar que debes revisar constantemente es el estándar de tu alma. Una evaluación efectiva es posible solamente si dejas ir todos tus pensamientos y sentimientos para volver hacia el estado de la nada, hacia el cero, el estado original de tu alma. La meditación es la única forma de dejar ir tus pensamientos, emociones y apegos, con miras a que puedas volver a sentir tu alma.

Las personas piensan comúnmente que la meditación es complicada, y que solamente puede ser aprendida mediante la guía de un experto. Aunque esto puede ser requerido, todo dependerá de tu propósito para meditar. Sin embargo, no pienso que la meditación sea difícil de practicar y tampoco creo que se deba separar de la vida diaria. Al igual que el ejercicio debe estar incorporado en tu estilo de vida, la meditación también debe ser parte de tu día a día. En ese sentido, dormir es la forma más sencilla y fácil de meditación. Puedes levantarte refrescado en la mañana si, antes de dormir, respiras lenta y profundamente, meditando para llenar tu cuerpo de energía vital. Incluso puedes hacer meditación respiratoria mientras caminas, contando tus pasos, inhalando y exhalando cada cuatro pasos. Puedes ajustar el número de pasos dependiendo de la extensión de tu respiración. De esa forma, pronto experimentarás la energía natural de la vida llenando todo tu cuerpo de oxígeno.

Meditación respiratoria para encontrar el alma

Para aquellos que conocen la meditación, probablemente no sea incómodo sentarse en posición de medio loto o en una silla con la espalda erguida. Pero tales posturas pueden causar tensión en los principiantes. Si ese es tu caso, adopta una posición en la que puedas relajar tu cuerpo tanto como sea posible, colocando tu espalda recostada en un sofá o reclinándola en contra de un cojín. Cierra los ojos e inhala y exhala, lentamente. Ahora enfoca tu mente en tu pecho y corazón. Imagina que estás respirando energía vital hacia el alma de tu corazón.

Siente cómo tu respiración se torna gradualmente más profunda conforme tu mente y cuerpo se relajan. Olvida los métodos especiales de respiración y simplemente respira de la forma que quiera tu alma. Encontrarás el ritmo de tu respiración luego de un tiempo. Mientras inhalas, imagina la energía vital del cosmos entrando en tu cuerpo, despertando la energía de tu alma en tu pecho. Sentirás cómo tu corazón se llena gradualmente con calidez y paz – la energía pura en tu corazón, el sentimiento de tu alma. Sentir el alma nunca es complicado. Simplemente permítete ser respiración.

Respirar es un momento para sentir completamente tu vida, un momento para ser uno con la energía pura. Siempre que sientas que estás inmerso en pensamientos y emociones, cuando sientas que de alguna forma tu vida perdió su centro y dirección, balancéate a ti mismo mediante la respiración. La meta de la vida espiritual es mantenerse centrado en el alma y desarrollar su fortaleza.

Otra ventaja que se puede aprovechar mediante la meditación es la capacidad de experimentar la unidad con la energía vital del cosmos. Específicamente, es experimentar el shin, la energía divina de tu cerebro aumentando su brillo. A esto se le llama estado Shinmyung.

Durante la meditación puedes sentir y ver en el ojo de tu mente a la luz brillante de la energía del cosmos bajando hacia ti, y fortaleciendo la energía divina de tu cerebro. Tendrás un sentimiento de integración, de sentirte completamente uno con la energía vital del cosmos. Experimentarás un conocimiento claro y nítido relacionado a los principios de la vida, o simplemente sentirás alegría y gratitud mientras recibes el increíble amor y las bendiciones por parte del Creador o la Fuente de la vida.

No es fácil experimentar el estado de Shinmyung realizando el trabajo de respiración una sola vez. Se requiere una buena cantidad de tiempo y esfuerzo en la práctica. Para ello se necesita un acercamiento más profundo y especializado a la meditación respiratoria. Hay diferentes métodos de meditación, y dependiendo de tus circunstancias puede que necesites la guía de un experto para prácticas específicas. A continuación, explicaré brevemente uno de los métodos.

Relájate profundamente estirando tu cuello, hombros, espalda superior e inferior y articulaciones de las caderas, para que tu cuerpo no esté tenso. Siéntate en el suelo en postura de medio loto o en una silla. Mantén tu columna recta y sonríe. Solamente de esa forma tu cerebro no estará bajo presión. El aire entrará correctamente en tu cuerpo si tu cerebro está en un estado cómodo, con tu cuerpo bien balanceado y tu espalda erguida.

Enfoca tu mente en la parte baja del abdomen, en tu dahnjon bajo, permitiendo que tu respiración se sumerja en tu estómago. La parte baja de tu abdomen se expande naturalmente cuando inhalas y se contrae cuando exhalas. Puede ser de ayuda imaginar que la parte baja de tu abdomen es un globo que se expande cuando soplas aire en su interior, y se contrae cuando el aire se escapa. A esto se le llama Respiración Dahnjon.

Respira de la forma más natural posible, sin aguantar el aire, y de una forma que sea cómoda para ti. Esto evitará que se tensen tanto el cerebro como el cuerpo. Si aguantas la respiración, inhalas con mucha fuerza o exhalas rápidamente, no funcionará el proceso. No te apures, pero tampoco vayas demasiado lento. Concéntrate únicamente en respirar sin interrupciones. Si esa cadena se rompe, significa que pensamientos distractores han entrado en tu mente. Regresa el ojo de tu mente hacia tu cuerpo, y siente la atención de nuevo en tu respiración.

Practicar la Respiración Dahnjon es como prender una fogata en el centro de energía de la parte baja del abdomen. Piensa en tu dahnjon como un horno que siempre debe tener un fuego brillante encendido.

Cuando el horno se calienta, la energía de tu dahnjon hierve. Si continúas avivando el fuego al concentrarte en tu respiración, en un punto tu dahnjon tendrá un fulgor rojo. Seguidamente, se eleva la circulación Agua Arriba, Fuego Abajo, ya que la energía de agua de los riñones se eleva mediante la columna para enfriar y refrescar la cabeza. Desarrollarás un estado claro de consciencia, libre de pensamientos o emociones como deseos, miedos, ansiedad o soledad.

Luego de que hayas respirado por un tiempo, puede que también experimentes algunos fenómenos energéticos, tales como ver auras ante tus ojos. Continúa viendo sin preocuparte si tu visión es oscura o brillante, o con qué fenómeno pueda ocurrir. Respira y concéntrate únicamente en tu dahnjon. En un momento determinado una luz brillante – la esencia de la vida – aparecerá, al igual que un dragón elevándose desde aguas profundas. Las personas experimentan esa luz de formas diferentes. Puede ser una luz con un color o forma en específico, puede ser una sensación de luminosidad, también puede ser una sensación de que estás trascendiendo el espacio y el tiempo, expandiéndote hacia el infinito. O también puede ser un sentido de conexión profunda con algún Ser que se siente divino e infinito. El éxtasis que sentirás al encontrar esa luz, divinidad o plenitud es indescifrable. Temblarás y te sentirás conmovido por un amor profundo, que se ajustará completamente a tu ser; y que no puede ser comparado con el amor recibido por nadie en el mundo.

De esta forma, mediante meditación respiratoria profunda, puedes iluminar la energía del shin y encontrar la divinidad en tu cerebro. Todo el mundo respira. Pero con un método e intención adecuados, la respiración puede ser una práctica espiritual para encontrar tu alma y ser uno con lo divino.

La meditación es un elemento crucial para llevar una vida espiritual en la tercera edad, justamente cuando nos aproximamos a la realización. Mediante la meditación puedes mantener el sentido de tu alma, y puedes tener la experiencia intensa de ser uno con la energía que proviene de la Fuente de la vida. Esa experiencia te permite saber que luego, cuando te encuentres con la muerte, serás uno con la energía de la Fuente que has experimentado mediante la meditación. No se trata de experimentar el Chunhwa cuando falleces, sino de experimentar el Chunhwa cuando estás viviendo. Los maestros de la tradición Sundo, conscientes del hecho de que la muerte se estaba acercando, controlaron incluso sus últimas respiraciones. Ellos experimentaron el gran ciclo de la vida, mientras la energía vital que recibieron de la Fuente ahora ha regresado a esa Fuente en sus últimas respiraciones.

Si ya meditas actualmente, te recomiendo que desarrolles tu meditación como una herramienta para aliviar el estrés, mejorar la estabilidad en cuerpo y mente, y aumentar la atención. Llévala más lejos para infundir tu vida con lo sagrado al encontrar tu alma y transformarte en uno solo con la gran fuerza de vida del cosmos. Si nunca has meditado, te sugiero que lo intentes, sin pensar en cosas como: "Eso no es para mí". Si sentarse tranquilamente para meditar te parece difícil, entonces comienza con entrenamientos de mente y cuerpo que involucren movimientos, tales como el yoga, Tai Chi y Qigong, para que así puedas sentir tu cuerpo y desarrollar el sentido para reconocer la energía vital en ti. Y luego comienza a meditar.

Para obtener más detalles sobre los métodos de meditación con miras a alcanzar el Shinmyung basado en el Sundo Coreano, te recomiendo que leas mis libros *Sanando los chakras: despierta el sistema de energía de tu cuerpo para una salud, felicidad y paz completas*, y *Meditación LifeParticle: una guía práctica para la sanación y la transformación*. Puedes encontrar meditaciones guiadas en video en el curso en línea en la siguiente dirección: Live120YearsCourse.com.

Nunca dejes de cultivarte a ti mismo

La cultivación propia se trata de "hacerte a ti mismo". Es un proceso de elegir quién vas a ser y luego convertirte en esa persona. Para ponerlo en otras palabras, es un procedimiento para descubrir tu vida y crear tu propio destino. Por ende, el autodesarrollo es esencial en el viaje de una vida de búsqueda de la realización.

Todo el mundo cuenta con una naturaleza creativa y necesita desarrollarla. Esta necesidad no desaparece o disminuye simplemente porque envejezcamos. Muchas personas expresan su creatividad de forma más activa cuando son mayores y se entregan a la cultivación de sí mismos.

Puede que hayas perseguido el desarrollo personal durante tu período de éxito, ya que requerías mejorar tu resumen curricular. En muchos casos, esto ha sido una actividad para aumentar tu valor comercial en tu campo de trabajo. Durante la jubilación, no obstante, puedes comprometerte a la cultivación propia no solamente como un medio para alcanzar el éxito, sino por la pura alegría y satisfacción interna que surge al trabajar para hacer de ti una mejor persona, para alcanzar la madurez de carácter y realización del alma.

Debemos alcanzar la realización de nuestra naturaleza creativa a lo largo de nuestras vidas al no negar la cultivación propia. Debemos trabajar para renovarnos diariamente, hasta el momento final cuando nuestro corazón y cerebro dejen de funcionar. Hoy debemos ser diferentes de alguna manera en relación a ayer, y mañana debe ser mejor que hoy. Detener la renovación propia es como flotar en el medio del océano en un bote con el motor apagado.

La creatividad no es solamente la capacidad de hacer algo nuevo. También es la habilidad de infundir novedad en el trabajo que ya hacemos, incluso cuando continuamos en el mismo cargo. La creatividad viene de la curiosidad y la actitud de exploración, viene de una actitud inquisitiva. Las ideas que pueden cambiar tu vida y contribuir con el mundo se desarrollan cuando tomas un interés cálido en ti mismo y en el mundo. Obtendrás muchas ideas si, sin importar el lugar en el que te encuentres, dedicas tiempo a pensar: "¿Qué puedo hacer en este entorno?". Luego debes actuar sobre esas ideas, incluso si son pequeñas. Tales acciones en conjunto crean cambios y crecimiento en la vida.

La cultivación propia no significa que debes tomar clases con un profesional para aprender algo nuevo. Pensar continuamente en cosas buenas, actuar con base en esos pensamientos, y mover tu cuerpo y mente, todas esas cosas son autodesarrollo. Aprender un nuevo idioma, levantar más peso y controlar nuevos dispositivos no son los únicos tipos de resultados que pueden obtenerse por la cultivación propia. Estar en la capacidad de sonreír más a menudo, decirle a alguien de forma más sencilla que le amas, y ser fiel a ti mismo – estos son los resultados del autodesarrollo.

La cultivación propia presupone la exploración, ya que no puedes desarrollarte y crecer si no te conoces a ti mismo. Y la verdadera cultivación propia nunca termina contigo. Cuando te desarrollas personalmente encuentras que los beneficios se extienden hacia tu familia y otras personas, hacia tu comunidad, tu país y todo el planeta. Cambios que diriges para cambiar al mundo entero.

Nuestra actitud de cultivación propia en el periodo de realización nos hace asumir el rol de un artista con espíritu de artesano. El artesano hace lo mejor que puede en cada momento, sin utilizar ningún atajo o truco, para lograr un producto de alta calidad que le otorgue un sentido de satisfacción. Hay una historia famosa acerca de Miguel Ángel, un artista del renacimiento. Se dice que un día, cuando él estaba pintando el fresco en el techo de la Capilla Sixtina del Vaticano, un amigo lo vio en una posición sumamente incómoda, mirando hacia arriba desde el tope de una plataforma alta, mientras trabajaba devotamente en cada rincón y grieta del techo. "Amigo, escucha una cosa", dijo el segundo. "¿Quién sabrá que pintaste tan devotamente incluso hasta esa esquina oscura? "Yo lo sabré", respondió Miguel Ángel.

Desarrollarte a ti mismo con el espíritu de la realización es exactamente eso. Se trata de examinarte con honestidad mediante la contemplación y meditación, percibiendo cuáles cambios son necesarios, eligiendo crear esos cambios y eligiendo actuar con voluntad. En ese proceso nuestras almas se tornan balizas en nuestro viaje hacia la realización. La cultivación propia en el periodo de realización no es algo por lo que tengamos que competir con otras personas. Si competimos con alguien, será solamente con la persona que fuimos ayer.

Hay todo tipo de fechas tope para el éxito, pero solamente hay una fecha tope para la cultivación propia dirigida hacia la realización: el momento final de la vida.

CAPÍTULO 11

Comparte y da

El arrepentimiento más grande que suelen tener las personas antes de morir, como se mencionó en el Capítulo 2, es no haber tenido la valentía de vivir siendo verdaderamente ellos mismos. La vida que realmente deseas, no la que otros esperan que tengas, es una vida acorde con tu alma.

¿Viví una vida sincera conmigo mismo? Esta es la medida más importante que las personas pueden utilizar para reflexionar en torno a sus vidas antes de la muerte. Puede que estén satisfechas con sus vidas o que estén arrepentidas dependiendo de la respuesta a esta pregunta. La misma es como la luz de sabiduría que nos guía en la dirección en la que debemos viajar durante nuestra vejez.

Las personas desean compartir la energía del alma que llevan en sus corazones. Sueñan que sus almas son más felices conforme expresan y comparten un amor puro con los demás. Impresionantemente, esta fuente de amor puro en cada uno de nuestros corazones nunca se seca, sin importar cuánto la utilicemos; de hecho, crece con más abundancia en cuanto saquemos más de ella. Una vida de hacer crecer nuestras almas y ayudar a los demás compartiendo la energía del amor puro, esa es la dirección de la vida que realmente desean las personas que han despertado ante lo que realmente quieren sus almas.

¿Cuál es el estándar para vivir de acuerdo con los deseos de tu corazón, sin lastimarte a ti mismo o a otros? Es el estándar del crecimiento del alma. Si vives pensando en tu alma, nunca podrás lastimar a los demás o a ti mismo. Las personas actúan de forma descortés porque han perdido su estándar en relación con su alma. Confucio dijo "a los 70 años, seguí el deseo de mi corazón sin sobrepasar los límites de lo correcto". No es fácil vivir una vida en la que no lastimemos a los demás. Sin embargo, al ir un paso más allá, vivir ayudando a otros –no simplemente sin causarles daño– es definitivamente la vida más deseable. Esa es la vida de Hongik, de trabajar para el bien de todos.

Cuando ayudas a los demás, la energía del alma crece y madura. Te enfrentarás a la muerte con confianza y paz si tu corazón está contento. No podrás sentir esa satisfacción y paz si solamente dedicas tu vida a la satisfacción de los deseos y el individualismo del ego, ya que así muchos arrepentimientos permanecerán.

Morir sin arrepentimientos

Vivir una vida de la que no te arrepientas al morir – ese, pienso, es el principal estándar que debemos tener durante la vejez. Nos vemos confrontados con muchas bifurcaciones en el camino e incontables decisiones. "¿Debería escoger esto o lo otro?". Nuestras decisiones serán más fáciles de tomar si nos preguntamos, "cuando muera, ¿me arrepentiré de haber tomado esta decisión?". Podemos encontrar inspiración para diseñar nuestra vejez al pensar, "¿qué es lo que realmente tengo que hacer para morir sin arrepentimientos y con la confianza de que he vivido una buena vida?".

Es extremadamente importante encontrar un trabajo que el alma de nuestro corazón verdaderamente desee que hagamos, no lo que los demás esperan de nosotros. Debemos encontrar el tipo de trabajo que nunca nos arrepentiremos de hacer, sino que más bien nos arrepentiríamos de no haberlo hecho – ese tipo de trabajo y de vida. Solo entonces podemos vivir con emoción y pasión incluso en nuestros últimos años. La pasión revive cuando la energía del alma llena el corazón. Encuentra el trabajo y la vida que llenará tu corazón de pasión. Esto es esencial para poder ser más saludable, feliz y llenarse de paz.

Desde esta perspectiva, digo "para mí, la iluminación no es una gran cosa. Es simplemente saber lo que realmente necesito". Muchas personas que están habituadas al materialismo dedican su tiempo al sobreconsumo y al desecho, comprando esto o lo otro sin pensar demasiado, sin saber qué es lo que realmente necesitan. Si eres alguien que realmente sabe lo que necesita, entonces elegirás cuidadosamente lo esencial para ti. Para saber qué necesitas, debes conocer tu verdadero valor. Para poder saber si eres tu ego o tu verdadero ser, despiertas tu valor verdadero y puedes tomar decisiones con base en esos valores.

Aquellas personas que descubren su valor realmente piensan lo que tienen que hacer para crecer y desarrollarse, y cómo vivir para su crecimiento. La solución no es difícil. Puedes diseñar esa vida si sabes lo que realmente necesitas y lo que los demás realmente necesitan. Si algo es bueno para ti y bueno para los demás, entonces es bueno para todo el mundo. Si ayudas a otras personas a estar más saludables, felices y más en paz, entonces tú también estarás más saludable, feliz y en paz. La energía de la alegría en tu corazón duplica su poder cuando haces sonreír a otras personas.

Las personas mayores que se han despertado ante este principio le dan importancia a la alegría y sentido de recompensa que se derivan de una vida de servicio. Ayudan a personas con desventajas sociales a través de organizaciones como centros sociales para niños y personas mayores. Ofrecen conferencias gratuitas o contribuyen con sus habilidades, tal vez peinando a otras personas o dando clases de música. Hacen trabajo social o contribuyen con una parte de sus ingresos, participando en actividades caritativas o haciendo de sus comunidades un lugar mejor en el cual vivir.

Además, estarás ayudándote a ti mismo conforme ayudas a los demás. Aquellas personas que realizan actividades de voluntariado, de acuerdo con algunos estudios, viven mucho más tiempo que las personas que no las realizan. Según un reporte publicado en la revista médica *The Lancet* en el 2014, la probabilidad de muerte para las personas con altos niveles de propósito en sus vidas disminuyó en un 30 por ciento durante los ocho años y medio del estudio. Las investigaciones en las que han participado personas muy mayores de distintas partes del mundo indican que hacer algo significativo –bien sea ayudar a los niños o prestarse de voluntario en una comunidad– tiene un efecto de extender la vida durante siete años.

Personas que crean la alegría de compartir

"En este momento me siento satisfecha conmigo misma", dice Susan Gerace con una sonrisa alegre y ojos brillantes. Presentada rápidamente en el Capítulo 1, Susan no pensaba de esta forma hace cinco años cuando se jubiló voluntariamente a los 68 años. Ella pensó que se había preparado adecuadamente para su vida después de la jubilación, pero al retirarse se dio cuenta de que no estaba preparada emocionalmente en absoluto. Dice:

> Yo era una enfermera especializada en la unidad de neonatos, y había hecho bien a muchos pacientes... ya no hago esto. ¿Quién soy? ¿En dónde está todo el mundo? Cuando miro hacia atrás, me doy cuenta de que conquistar estas preguntas y emociones fue muy difícil y me tomó mucho tiempo. Tenía que encontrarme a mí misma fuera de todos esos estímulos externos y aplausos por el trabajo que había estado haciendo. Para ser más precisos, tenía que encontrar la forma de encontrarme.

La meditación que Susan había estado practicando antes de jubilarse y los retiros en la naturaleza en los que participó la ayudaron a la hora de encontrar su valor interno, en lugar de encontrarlo afuera. Ahora realiza trabajos de voluntariado regularmente en más de 10 centros, incluyendo un refugio para mujeres, atiende a niños que vienen de contextos con desventajas sociales, niños con necesidades especiales, y víctimas de violencia doméstica de 55 años o más. Se siente feliz y agradecida cuando ve que sus pequeños actos de bondad o sus palabras de aliento tienen un efecto en estas personas.

Ella mantiene una buena relación con sus hijos, nietos y amigos desde hace 30 años, pero dice que sigue habiendo momentos en los que se siente preocupada y sola. El año pasado tuvo una crisis. Para sentirse mejor, solía comer helado, chocolate, sentarse en una mecedora y ver TV. Pensando un día que debía cambiar la forma en que vivía, le regaló su preciada silla de ver TV a un vecino. Sorprendido, el vecino preguntó por qué – a lo que Susan le respondió: "porque me estaba sentando demasiado ahí". También se deshizo del televisor, que prácticamente hacía juego con la silla.

"La televisión siempre estaba encendida, pero eso no quiere decir que siempre estuviera mirándola. La televisión estaba llenando una casa vacía en la que nada más estaba yo". Le tomó varias semanas adaptarse a estar bien sin la televisión y la silla. "Puedo hacerlo", seguía diciéndose a sí misma. "Puedo hacerlo". Realmente necesitó mucha valentía.

Tener actividades que le den significado a la vida durante la vejez te ayudará de muchas formas, dice Susan. Para ella, esas actividades incluyen ayudar a personas en ambientes difíciles y compartir experiencias satisfactorias con su familia. Aunque deshacerse del televisor y de la silla reclinada le dio una oportunidad de cambio, otras actividades diarias que siempre había realizado – como reunirse con su familia y hacer trabajo de voluntariado – le ofrecieron una vitalidad renovada que le permitió escapar del hábito de la soledad. La meditación que más disfruta en estos días es ver un hermoso atardecer o amanecer sobre el desierto. Cada vez que hace esto, siente una intensa paz y una fuerte conexión con toda la vida.

"Envejecer bien es aceptarte por quien eres realmente. Y creo que eso incluye acercarse y ayudar a los demás, así como a ti mismo", dice Susan.

Cumpliendo setenta y siete este año, Janet Duda se retiró a los 67 años después de haber trabajado como enfermera durante 43 años. Pensó mucho sobre cómo mantenerse saludable y feliz mientras cuidaba a pacientes mayores que sufrían de depresión, desórdenes de ansiedad y demencia. Antes de retirarse, ella y su esposo establecieron un plan y se prepararon para una vida después de la jubilación. Tan pronto como se retiró, hicieron un recorrido por Estados Unidos de tres años y medio en un remolcador de 32 pies; ocasionalmente viajaban a lugares más distantes, como a Europa. Desde que se establecieron en Las Vegas en el 2010, ha fungido como voluntaria en su comunidad local.

Janet es voluntaria en un refugio de animales durante cinco horas todos los sábados, ayudando con las adopciones de cachorros, sacando a pasear y abrazando a los perros y haciendo labores de lavandería. También trabaja en un refugio para víctimas de violencia doméstica. Utiliza su camioneta para transportar los muebles que son donados. Una vez entregó un juego de cama a una familia que llevaba un mes durmiendo en el suelo o en un sofá. La familia estaba tan feliz que la abrazaron 14 veces y después le enviaron un mensaje diciéndole que había sido el mejor regalo de navidad del mundo. Además, Janet es voluntaria en una estación de policía, en la que su trabajo es hacer juegos de rol con los nuevos policías o estudiantes de la academia. Ha representado una gran cantidad de roles, desde víctima de violencia doméstica hasta conductora ebria, e incluso alguien que tenía un arma. Janet ha estado participando activamente como voluntaria en su iglesia. Esto es lo que dice:

Afortunadamente mi profesión, enfermera, ya se trataba un poco de ayudar a las personas. Posiblemente por esa razón, me volví adicta a ayudar a los demás. Te hace sentir bien saber que has hecho una diferencia en la vida de una persona. Lo necesito, al igual que necesito comidas y bebidas. Si no estuviera haciendo esto, me sentiría triste y sola. Creo firmemente que todo el mundo necesita levantarse sintiendo emoción en las mañanas. Para poder sentirse bien, es importante tener algo que uno quiere y espera hacer, y especialmente sentirse feliz sobre lo que estamos haciendo. No hago cosas que no me gustan.

Sé que la muerte también vendrá por mí, y que ya estoy más allá de la mitad en el camino hacia la muerte. Pienso que hay algo esperando después de la vida, aunque no sé qué es. Y creo que esta vida no es el final. Cuando llegue el momento, sentiré que esta ha sido una buena vida. Siento que he hecho la diferencia en la vida de los demás y eso es bueno. Eso me hace sentir feliz.

Cómo debo utilizar mi energía vital

¿Qué podría ser más satisfactorio que utilizar el precioso tiempo y energía llamados "vida" para contribuir de alguna forma con las demás personas y con el mundo antes de morir? Si, en lugar de eso, dejas pasar el tiempo sin darle significado, ¿no te arrepentirás antes de morir? Probablemente pensarás, "he fallado a la hora de utilizar la buena energía del amor que está dentro de mí".

Hay una forma de revisar cuánto has hecho crecer tu alma en este mundo antes de morir: sintiendo lo que está dentro de tu corazón. La energía de tu alma ha crecido mucho si sientes alegría y satisfacción llenando tu corazón, y piensas: "he vivido bien. Estoy orgulloso de mí mismo. Si muero ahora, no tendría arrepentimientos en mi vida". Pero si tu corazón se siente vacío, no lo has llenado con la energía del alma.

Puedes retirarte de tu trabajo, pero no puedes retirarte de tu vida – no hasta que mueras. Tu vida no termina simplemente porque te jubiles de un trabajo. La vida es el tiempo preciado y el poder físico, poder del corazón y poder cerebral que se te han dado. Sin importar si ha venido del Dios que creó el mundo o de la Fuente de gran vida en el cosmos, el derecho de utilizar esa energía te fue transferido en el momento en que naciste. Ese derecho solamente te ha sido concedido a ti, hasta que mueras. Tú eres el único que puede decidir cómo utilizarlo. Tu energía vital no quiere ser desperdiciada sin significado. Por el contrario, quiere ser utilizada para hacer cosas significativas, para hacer a las personas y al mundo más saludables, felices y llenos de paz.

Mientras vivas, eres el dueño de esa energía vital. ¿La pondrás en buen uso como su verdadero dueño o serás un espectador parado a un lado con los brazos cruzados? Una vida como dueño o una vida como espectador – debes escoger entre esas dos opciones. Encuentra y diseña lo que realmente quieres lograr para que estés libre de arrepentimientos en el momento de tu muerte.

Pregúntate a ti mismo, "si supiera que hoy va a ser el último día de mi vida, ¿seguiría adelante con lo que he planificado para el día?". Si piensas que sí, entonces lo que estás haciendo ahora claramente es significativo. Pero en caso contrario, descubre qué es lo que tu alma realmente desea hacer. Quiero animarte, espero que puedas descubrir algo que te llene de emoción y pasión, algo de lo que no te arrepientas, algo que harías con alegría incluso si fuera el último día de tu vida. ¡Lo que sueñas vívidamente convertido en realidad!

"Una vida vivida haciendo crecer nuestras almas al ayudar a los demás y compartir la energía de amor puro, esa es la dirección de las personas que han despertado lo que sus almas realmente desean".

CAPÍTULO 12

Mantente cercano a la naturaleza

Durante la vejez, pienso que lo mejor que puedes hacer es vivir en donde puedas estar más cerca de la naturaleza que lo que podrías estar en una gran ciudad. Si eso no es posible, entonces visita lugares naturales con frecuencia, siempre que tengas la oportunidad de hacerlo. No tienes que visitar necesariamente montañas distantes o lugares selváticos, ni el mar. Un parque o un camino cerca de tu casa también está bien – cualquier lugar en el que puedas sentir el sol, los árboles, el agua, el viento, en donde puedas ver el cielo abierto y caminar por un sendero sin pavimentar.

Acercarse a la naturaleza es una forma maravillosa de llenar nuestras vidas con un sentido de espiritualidad y de plenitud. Para comprender por qué, primero debes descubrir el carácter de tus relaciones con la naturaleza. He experimentado ese proceso de realización y ocurrió en tres fases.

Hace unos 20 años, la primera vez que visité Sedona, Arizona, un lugar rodeado de tierra roja y majestuosas formaciones rocosas con una gran alfombra de verdes cactus y enebros, no pensaba en más nada que no fuera disfrutar del hermoso escenario. Embrujado por la intensidad de Sedona, su encanto misterioso, me encontraba continuamente asombrado por la hermosa belleza que me rodeaba. "¡No puedo creer que haya algo tan hermoso en la tierra!", me repetía a mí mismo mientras caminaba por Sedona.

Pero en algún momento, me di cuenta de que en lugar de estar observando a Sedona, ¡Sedona me estaba observando a mí! Sí, las rocas rojas, los cactus y los enebros de Sedona habían existido ahí mucho antes que yo, viendo multitudes ir y venir. Yo no era sino una más de todas esas personas. Nosotros los humanos estamos aquí por un momento, sentí, y después nos vamos. El verdadero dueño de esta tierra no es otro que la naturaleza en sí misma.

En ese momento llegué a otro descubrimiento: soy parte de la naturaleza. La naturaleza y yo somos uno solo, no dos cosas separadas. ¿Por qué soy naturaleza? Soy un organismo que vive y respira en el ecosistema masivo de la tierra. El descubrimiento de que soy uno con la naturaleza me hizo sentir poderoso, como un trueno. Ese descubrimiento sacudió todo mi cuerpo, todas mis células. No es una exageración decir que este es el principio y el fin de la iluminación.

La verdad es simple: los humanos y la naturaleza somos uno solo. Desde cierto punto de vista, esta es una noción o sentido común que incluso los niños conocen. El problema es que normalmente saben esto en sus cabezas, como cierto conocimiento intelectual. Para realmente comprenderlo, debemos experimentarlo con todas las células del cuerpo, como un sentimiento más que un conocimiento. Cuando realmente sientes que eres uno con la naturaleza, puedes experimentar una gran integración de la consciencia en donde te puedes interconectar con todo lo que alguna vez percibiste como separado de ti mismo.

Si deseas dedicar tu vejez a la plenitud espiritual, crece tan cerca de la naturaleza como sea posible. Esto no es una exageración.

Deja ir a tu ego

Una vida cercana con la naturaleza te ayuda a dejar ir a tu ego.

Si indagas profundamente en las razones fundamentales por las que las personas se sienten tan mal y sufren, descubrirás que es por el ego. La palabra ego significa una identidad falsa que tiene un individuo, el ser que parece existir de forma separada de la naturaleza y de otros. Desde la perspectiva del ego, te ves a ti mismo como un individuo separado del todo. Al verte atrapado en este sentido del ser, experimentas angustia y un conflicto sin final que viene de la falta de plenitud.

Los budistas creen que las personas no pueden escapar del ego, un estado conocido como nirvana, por el efecto de tres venenos: la avaricia, la rabia y la estupidez. La avaricia es el deseo de llenarnos a través de ganancias materiales o de cosas en el exterior; la rabia surge cuando nuestra avaricia no es satisfecha; y la estupidez es la incapacidad de actuar en concordancia con nuestro conocimiento de estar solos.

El problema es la separación de la conciencia, la idea de que tú y yo estamos separados, que la naturaleza y yo estamos separados. Esta perspectiva dualista, que percibe al ego individual como sujeto y a todo lo demás, inclusive la naturaleza, como un objeto separado del ser, es la raíz de la mayoría de los problemas del planeta. Para las personas que están educadas continuamente en la percepción del ser y de los demás como algo separado y acostumbradas a perseguir el paradigma del éxito –que nos dice que compitamos, poseamos y controlemos todo lo posible dentro de una sociedad material–, los deseos del ego tienen un efecto más poderoso conforme avanza el tiempo. Y mientras más suceda esto, más personas se verán atrapadas en el dolor. Las personas incluso han enfermado a la tierra y al cielo al percibir a la humanidad como algo separado de la naturaleza, viéndola meramente como un recurso a ser explotado y desarrollado. Nuestra contaminación del cielo y la tierra finalmente está regresando en venganza y está enfermando a las personas. ¿Cómo podemos arreglar esto?

La solución, una vez que la comprendemos, es clara. El problema ha sido la idea de ver las cosas como separadas, por lo que debemos cambiar a un punto de vista holístico que entienda a la realidad como un todo. Cambiar todo el sistema social –cosas como la educación, la política, la economía, la cultura– tomarán una gran cantidad de tiempo y esfuerzos. Nuestra conciencia como individuos puede cambiarse ahora mismo.

Hay una forma fácil de dejar ir al ego y tener una perspectiva holística: sentir que eres uno con la naturaleza. El ego es realmente fuerte y tenaz. Es inútil intentar arrancarlo a la fuerza; voltéate, y lo encontrarás justo donde estaba. Aunque decidas todos los días alejar tu ego, antes de saberlo, revivirá cuando estés inmerso en el trabajo y las relaciones de tu vida diaria. Sin embargo, el ego suele caer en el instante en que te sientes uno con la naturaleza. Esto se hace posible cuando sientes la naturaleza en cada célula de tu cuerpo, en lugar de comprenderla simplemente como un conocimiento.

Abre tu mente y cuerpo mientras te rodeas de la energía del Cielo y la tierra. Siente el aliento de la naturaleza y experimenta la interconexión con la energía de la naturaleza. Cuando sientas que eres parte de la naturaleza –una parte del campo de energía como un todo– la separación de la conciencia del ego se desvanecerá, y llegará el gran despertar. Podrás decir con sinceridad: "soy uno con la naturaleza". Pero decir esto mientras te mantienes aferrado a tu ego no es suficiente. El descubrimiento debe ser más profundo, a través de las emociones y no de los pensamientos. Es por eso que debes meditar en la naturaleza.

Probablemente ya hayas experimentado que puedes escapar del ego rápidamente cuando te acercas a la naturaleza. ¿Alguna vez te has amarrado las zapatillas para salir a caminar con la mente atrapada en pensamientos y emociones y después exhalado la frustración de tu corazón al disfrutar la brisa bajo el sol brillante? Si caminas algunas docenas de minutos así, tus pensamientos y emociones se irán calmando, y tu mente crecerá más brillante y ligera. La realidad no ha cambiado en absoluto, pero el mundo se ve diferente porque tu mente y energía han cambiado. La naturaleza tiene un poder increíble de purificar la energía de tus emociones y pensamientos, puede devolvernos a nuestro estado original y natural.

Hazte amigo de la naturaleza

Una vida en comunión con la naturaleza nos permite ser amigos de ella.

Nos acercamos y alejamos de muchos de nuestros amigos conforme avanza nuestra vida. ¿Cuántas de las personas a las que prometimos una amistad sin final durante nuestros años en la escuela siguen estando a nuestro alrededor durante la vejez? Al acercarse a la muerte, muchas personas cuentan su fracaso a la hora de mantenerse en contacto con sus amigos como su principal arrepentimiento. Los amigos cercanos de la juventud pierden contacto sin intención conforme se ven inmersos en sus vidas individuales. Si tienes aunque sea un amigo verdadero con el que puedas compartir tu corazón, en el que puedas confiar, y que te pueda ayudar cuando las cosas se ponen más difíciles, entonces puedes decir que has llevado una buena vida. Las situaciones en la vida, ambientes, pensamientos y emociones pueden hacer que las relaciones sean difíciles de mantener. ¿No sería genial tener a un amigo que realmente conozca tu corazón y con quien puedas comunicarte profundamente? La soledad de la vejez, cuando nos vamos quedando solos conforme nuestros amigos y familiares van dejando el mundo uno a uno, es difícil de resistir.

No nos quedemos lamentándonos de estar solos durante nuestra vejez. Simplemente tenemos que hacer nuevos amigos. La profundidad y afecto que experimentamos podría ser menor que con nuestros compañeros anteriores, pero de todas formas podemos conocer y compartir nuestros corazones con nuevos amigos conforme crecemos juntos. Y recuerda, tenemos a un amigo muy antiguo que puede estar con nosotros hasta el final: la naturaleza.

Desde cierta perspectiva, la naturaleza se puede sentir mucho más cómoda como amiga que otras personas. Cada uno de nosotros tiene un marco de experiencias, rasgos de personalidad e ideas que forman la vida que vivimos. Las relaciones personales son un proceso de crear una armonía que arrope incluso las diferencias de las personas. Pero puede ser incómodo cuando tales diferencias nos hacen entrar en conflicto, por lo que terminamos evitando pasar tiempo con esas personas. ¿Por qué? Porque la naturaleza no nos juzga. Nos acepta y recibe tal y como somos. Es un refugio cálido en el que podemos confiar cuando el resto de las cosas se complican, un amigo cariñoso que nos alienta y nos pide que tengamos esperanzas y valor.

Todo el mundo probablemente haya tenido la experiencia de ser amado y recibir el reconforte de la naturaleza. Cuando nos sentamos a presenciar un cálido amanecer en un día brillante o nos recostamos en el césped mirando hacia el cielo, cuando recorremos un camino de madera escuchando a los pájaros cantar, cuando miramos hacia el mar abierto y nos sentimos reconfortados, cuando miramos hacia las estrellas brillando en el cielo oscuro – en esos momentos sonreímos y le decimos a la naturaleza: "oh... esto es hermoso". Nuestros corazones se abren como si nos hubiéramos encontrado con un amigo. Cuando abrimos nuestro corazón, podemos escuchar lo que la naturaleza quiere decirnos. "¡Ten valor! Todo está bien. ¡Puedes hacerlo! Te amo". Esos mensajes de hecho son ecos que rebotan dentro de nosotros; la naturaleza dentro de nosotros ha revivido. Cuando la naturaleza interna y externa se conectan como una sola, podemos escuchar sus mensajes. Cuando nos convertimos en los verdaderos amigos de la naturaleza.

La amistad no es una relación unilateral, sino un intercambio mutuo. Para ser amigo de la naturaleza, debes poder empatizar con ella, no limitarte a disfrutar de su belleza. Debes abrir tu corazón a la naturaleza, al igual que abres tu corazón para hacerte amigo de otro ser humano. Cuando nos abrimos, la naturaleza llega a nuestro corazón, y la naturalidad dentro de nosotros revive por el amor puro de la energía de la naturaleza. Entonces decimos, "yo soy la naturaleza" y "soy uno con la naturaleza".

¿En dónde podríamos encontrar otro amigo como la naturaleza con el que podamos ser completamente abiertos? La naturaleza está ahí dentro de ti, el más grande e íntimo de los amigos. La naturaleza observa sin emociones o juicios y te acepta completamente. Es alguien con quien puedes tener una comunión completa desde tu corazón. Tú, que has superado todas las dificultades de la vida, encuentra apoyo y calidez en la naturaleza. Curará las heridas que has sufrido y abrirá tu corazón cerrado.

Hace mucho tiempo en Corea, los hombres aprendidos se retiraban del mundo para llevar vidas simples y en armonía con la naturaleza, y cantaban canciones como esta:

Las verdes montañas son mis amigas,
  al igual que los verdes árboles.
El viento y la luna entre las verdes montañas,
  y los verdes árboles también son mis amigos.
Envejeceré con estas cuatro bellezas
  para el resto de mi vida.
  —Autor anónimo

¿Preguntas que cuántos amigos tengo?
  Agua y roca, pino y bambú,
Incluso me hace más feliz ver a la luna salir
  sobre la colina del este.
Déjame ser. ¿Qué podría hacer con más amigos
  que estos cinco?
  —De "Canción para cinco amigos", por Seondo Yun.

Recárgate con una energía completa

Otra de las ventajas de llevar una vida cercana a la naturaleza es que nos permite cargarnos completamente de sus energías.

Podemos vivir solamente si recibimos energía, porque somos organismos hechos de energía. Los alimentos que comemos son una fuente de energía utilizada para mantener la energía vital de nuestro cuerpo. Pero necesitamos aquella de nuestras almas además de la del cuerpo. La sed de energía de las personas puede enriquecer sus almas y darles inspiración. Para recibirla, buscan desarrollar relaciones personales, alcanzar una sensación de logro a través de su trabajo, tener pasatiempos e inclusive llevar vidas religiosas o espirituales. Aunque tales actividades reconfortan al corazón hasta cierto grado, muchas veces no nos sentimos completamente satisfechos.

Buscamos la plenitud o la integridad. Pasamos nuestra vida en búsqueda de plenitud, de algo que nos satisfaga completamente. Pero esa plenitud no se encuentra en las cosas artificiales, ya que existe únicamente en la naturaleza, porque ella en sí es plena. Por supuesto nosotros también podemos ser plenos, porque somos naturaleza – es decir, llevamos la plenitud de la naturaleza dentro de nosotros.

Intenta dejar todo de lado y acostarte por un momento en la naturaleza. Tu cuerpo y alma se llenarán de un cálido amanecer, el aire fresco, el sonido del agua y el refrescante olor del césped o de la tierra. La naturaleza siempre nos envía la energía del amor y las bendiciones infinitas, una energía completa que los humanos no pueden fabricar. Si deseas obtener una energía perfecta, permítete cargarte con la energía de la naturaleza. La plenitud que siempre ha estado dentro de ti revivirá en ese instante.

Tenemos padres físicos que nos dieron la vida y nos criaron, pero además tenemos unos padres más grandes que soportan nuestras vidas en todo el proceso de ser concebidos, nacer y crecer. La comida y el agua que ingresan en nuestro cuerpo por nuestras bocas es energía que obtenemos de la tierra; el aire y el amanecer son energía que obtenemos del cielo. El organismo humano no podría sobrevivir ni 10 minutos sin la energía del cielo y la tierra. Podemos vivir ahora, respirando y siendo activos, porque tenemos a la naturaleza, y en ella a nuestros padres cósmicos. Al igual que los padres físicos hacen un sacrificio de amor por sus hijos, nuestros padres cósmicos dan a la humanidad su amor incondicional – y no piden nada a cambio de ese amor. Si hay algo que nuestros padres cósmicos quieren de nosotros, es que vivamos en armonía con todas las criaturas del planeta, al igual que los padres físicos desean que sus hijos se lleven bien.

¿Necesitas energía? No te limites simplemente a obtenerla de otras personas; obtén la energía de la naturaleza, de nuestros padres cósmicos. La naturaleza llena tu cuerpo con una energía vital que aviva tu alma para que tu corazón lata con alegría. Esa es una energía de paz completa y perfecta que no puedes obtener de nadie más.

Llénate de la naturaleza y no olvides compartir la energía que has recibido de la naturaleza con las personas que te rodean. Obtener su amor y compartirlo con los demás, compartir un amor incondicional al igual que lo hace la naturaleza, esa es la vida de una persona natural.

Prepárate para volver a la naturaleza

Una vida en armonía con la naturaleza nos prepara para regresar a su seno después de la muerte.

La naturaleza no habla; simplemente nos enseña las cosas como son. La forma en que nos convertimos en uno con la naturaleza es sentirla pintada en los 81 caracteres de Chun Bu Kyung, la escritura más antigua de Corea.

Il Shi Mu Shi Il (一始無始一)
Bon Shim Bon Tae Yang Ang Myung (本心本太陽昻明)
In Joong Chun Ji Il (人中天地一)
Il Jong Mu Jong Il (一終無終一)

Todo comienza con Uno,
  pero ese Uno no tiene principio.

La conciencia original, brillante como el sol, busca el brillo.
El cielo y la tierra son uno con la humanidad.
Todo termina con Uno, pero ese Uno no tiene final.

Ese es el pasaje más importante del Chun Bu Kyung. Quiere decir que la eternidad del cosmos y la naturaleza es Uno sin principio y sin final. Debemos buscar la conciencia original, que es brillante como el sol, y despertar ante la unidad de la naturaleza (los cielos y la tierra) dentro de nosotros. Despertar a este principio y alcanzar una vida en base al mismo es una vida de preparación para la plenitud del alma, para el Chunhwa.

Crecer para asemejarnos a la naturaleza y ser uno junto a ella es un ideal que todo el mundo puede desear para su vejez. Sin importar si hemos nacido de una familia rica o una familia pobre, somos muy similares cuando envejecemos y nos enfrentamos a la muerte, incluso si alguien ha tenido increíbles riquezas, poder o intelecto. Todos somos iguales ante la naturaleza. Por lo que dejar a un lado la carga del poder, prestigio, avaricia y apegos para convertirnos en personas de la naturaleza es la actitud correcta para prepararnos para la muerte. Todo reside en afinar tu energía – hacerla más brillante, libre y más pacífica – conforme te preparas para volver a la energía fundamental del cosmos.

Siempre que tengas energía vital, puedes recibir con amor a todas las personas y a todo en la vida con el corazón abierto. Compartir tu tiempo en el planeta Tierra es el camino para los ancianos iluminados, el camino del Chunhwa. Mantengamos la esperanza de que en nuestro día final en el mundo, podremos cerrar nuestros ojos en paz y con alegría al decir, como lo dice este poema, "he vivido una gran vida".

Hoy es un muy buen día para morir.
Todos los seres vivos están en armonía conmigo.
Todas las voces cantan un coro conmigo.
Toda la belleza ha llegado a descansar en mis ojos.
Todos los pensamientos negativos me han abandonado.
Hoy es muy buen día para morir.
Mi tierra me rodea en paz.
Mis campos han dado frutos por última vez.
Mi casa está llena de risas.
Mis hijos han llegado a casa.
Sí, hoy es un muy buen día para morir.
 —De Muchos inviernos de Nancy Wood, 1974.

" Acercarse a la naturaleza es
una forma maravillosa de
llenar nuestras vidas con
espiritualidad y un sentido
de plenitud.
La naturaleza tiene un increíble
poder de purificar la energía de
nuestros pensamientos
y emociones, devolviéndonos
a nuestro estado natural y original".

CAPÍTULO 13

Lo que dejamos atrás

Creo que el mundo puede cambiar para mejor si vivimos la segunda mitad de nuestras vidas bien. La vida durante la vejez es una importante clave para solucionar muchos de los problemas de nuestra sociedad y para recibir una nueva era. Podemos encontrar esta posibilidad en el rápido crecimiento de la población mayor, que está aumentando la importancia de la cultura y los estilos de vida durante la vejez en nuestra sociedad. Para decirlo de otro modo, las personas mayores se están convirtiendo en el centro de nuestra sociedad. Conforme crece su porcentaje en la población, las personas mayores no solamente se convertirán en objetivo de diversas industrias de bienes de consumo y cultura, sino que sus voces también recibirán más atención política y socialmente.

El impacto social de la generación mayor crecerá inevitablemente con el tiempo, por lo que la dirección en la que se aplique esa influencia es relevante. ¿Mejorará o empeorará a la sociedad? Una cosa determinará la respuesta a esa pregunta: la conciencia de las personas mayores. Las personas mayores pueden ayudar a desarrollar la sociedad de formas innovadoras, o simplemente pueden aumentar la carga de las generaciones que los soportan.

Por esa razón pienso que la revolución de la conciencia de las personas mayores y el surgimiento de ancianos iluminados son absolutamente esenciales.

Estoy convencido de que una revolución en la conciencia centrada en las personas mayores es posible. Una nueva cultura del envejecimiento podría ser la solución para resolver muchos de los problemas de la sociedad. Esta cultura se centrará en que las personas mayores se despierten para descubrir que su sustancia es energía vital y que el ser, las demás personas y la naturaleza –todos nosotros– están interconectados como uno. Harán de la plenitud la meta de sus vidas y tendrán estilos de vida orientados a ese objetivo. Conforme vaya creciendo la cantidad de personas mayores iluminadas, más conciencia humana desarrollará sinergias y será más probable un cambio de dirección hacia una civilización espiritual centrada en la plenitud.

Mentores para las próximas generaciones

En las sociedades tradicionales, los ancianos iluminados fungían como repositorios de conocimientos – como una enciclopedia o una biblioteca. La sabiduría y experiencia que las personas mayores acumulan durante sus vidas se consideraba muy preciada cuando el ritmo del cambio social era más lento que en las sociedades modernas. Las personas mayores eran respetadas como los líderes en sus aldeas. Les preguntaban muchas cosas: cuándo es mejor sembrar las semillas, por ejemplo; cómo enseñar a un hijo a ser laborioso; qué dar a una madre que está sufriendo de alguna dolencia estomacal; cómo se pueden solucionar los conflictos con las aldeas cercanas. Eran educadores y sanadores, árbitros y comunicadores, transmitían cultura y sabiduría de una generación a la siguiente. Tales roles mantenían el valor de sus comunidades, les otorgaban estabilidad y les daban balance.

No es una exageración decir que el pensamiento antiguo estuvo formado a partir de la sabiduría de los ancianos. El nombre de Laotzu, autor de *Tao Te Ching*, que se ha traducido a más idiomas que todos los demás libros excepto la Biblia, significa literalmente Antiguo Maestro. El Buda vivió hasta los 80 años y Confucio hasta los 63, enseñando a los estudiantes y compartiendo su sabiduría con el mundo. Platón continuó escribiendo hasta que falleció a los 81 años.

Desafortunadamente, encontramos a muy pocas personas mayores compartiendo su sabiduría como mentores honorables. Las personas jóvenes ya no les hacen preguntas a las personas mayores; le hacen preguntas al Internet. Las personas mayores tienen que aprender de los jóvenes cómo utilizar teléfonos inteligentes u operar nuevos dispositivos. Las generaciones más jóvenes suelen pensar sobre los mayores como personas tercas que se han quedado atrás y con las que comunicarse es muy difícil. Las personas mayores que tienen experiencias de vida y sabiduría para compartir sufren a la hora de comunicarse con los más jóvenes, que suelen guiarse más por la velocidad y la estimulación sensorial.

Las personas mayores que solían actuar como mentores para los más jóvenes deberían recibir nuevamente estimulación para hacerlo. En primer lugar, su conciencia debe despertarse. Las personas mayores pueden actuar como mentores porque tienen algo más que conocimiento informativo que compartir. Los jóvenes tienen un acceso muy fácil a los hechos; quieren escuchar una sabiduría más profunda de aquellos que han vivido antes que ellos. Necesitan palabras cálidas y refrescantes que les ayuden a ver los problemas que les generan angustia desde una perspectiva diferente. Las generaciones más jóvenes necesitan un amor tolerante y benevolente que pueda abrazar sus corazones que son cada vez más fríos.

Tales cambios deben suceder, primera y principalmente, en cada una de nuestras familias. Debemos desarrollar una cultura familiar valiosa, una en la que las abuelas y abuelos reciban a sus hijos y nietos con amor y los conduzcan con sabiduría. El carácter de los niños que han crecido viendo cómo sus padres respetan a sus abuelos, que han crecido en los brazos amorosos de sus abuelos, no puede corromperse. Estos niños no tienen que ir a un instituto o una organización privada para recibir una educación del carácter. Los miembros de la familia tienen que ser las personas que lo ofrezcan.

Sin embargo, la sabiduría de las personas mayores no debe permanecer únicamente dentro de la familia. También deben ser transmitidos a la comunidad. La sabiduría de las personas mayores nunca se convertirá en una fuerza impulsora para el cambio si solamente la utilizamos en privado. También debe ser utilizada como un recurso social para el bien común. Para que esto suceda, las personas mayores y la sociedad en general deben funcionar en conjunto.

Individualmente, las personas mayores deben tener compasión y tomar un interés activo en los temas del mundo, en lugar de darles la espalda, considerándose a sí mismos viejos que están fuera de la mira o de la vista. Necesitan aceptar la vejez como una oportunidad para la madurez y para la plenitud en la vida. Deben perseguir la alegría y la pasión que vienen de ayudar a las personas que les rodean y a sus comunidades. Este tipo de vida promueve la plenitud del todo, no solamente de los individuos, por lo que necesitamos más personas que sientan que esta vida es la que sus almas disfrutan más. Una sociedad con muchas personas mayores que se preocupen sinceramente por sus comunidades y que trabajen para hacer del mundo un lugar mejor es una sociedad bendecida. Si las personas mayores reúnen la sabiduría y experiencia que han acumulado durante sus vidas y trabajan para un bien común, tendrán un efecto positivo en todas las áreas de la sociedad, incluyendo la política, economía, cultura y educación.

Socialmente, las personas mayores deben recibir una gran cantidad de oportunidades para compartir su sabiduría y habilidades mientras son respetadas como miembros preciados de las comunidades. Cuando se trata del bienestar social de los ciudadanos mayores, hay una gran cantidad de opciones. Sin embargo, lo que es cierto es que las personas que siempre están estresadas y preocupadas sobre de dónde sacarán su próxima comida tienen dificultades alcanzando la madurez espiritual o viviendo vidas dedicadas a los demás.

Como sociedad, debemos cuidar y proteger a las personas mayores, asegurando que sus necesidades básicas estén cubiertas.

Cuidar a las personas mayores, sin embargo, es más que darles comida, construir centros de cuidados u ofrecer los servicios de trabajadores sociales. La sociedad debe ofrecer trabajos que permitan a las personas mayores contribuir con la comunidad mientras sienten alegría y un sentido de recompensa. Las carreras lucrativas pueden culminar con la jubilación, pero hay muchos trabajos que las personas mayores pueden hacer mejor que los jóvenes.

Dejemos un mejor ambiente

Para la protección del ambiente global se necesita urgentemente vivir por el valor de la plenitud, no solamente por el valor del éxito.

Cuando miras las predicciones del clima en Corea, encontrarás que son únicas y muy diferentes a lo que se acostumbra en Estados Unidos y otros países. Los pronosticadores predicen el clima diciendo que la concentración del polvo fino en el aire será buena, promedio, mala o muy mala, además de días nublados o claros. Durante los días en los que la concentración del polvo fino es muy mala, debes evitar salir o, de ser posible, ponerte una máscara especial para el polvo. Cuando sales durante esos días, te duelen los ojos y la garganta te empieza a molestar inmediatamente.

De acuerdo con un estudio en conjunto llevado a cabo durante 10 años por parte de institutos de investigación en Corea del Sur, China y Japón, desde el 2000, entre el 30 y el 50 por ciento del polvo fino en Corea ha llegado desde China y, desde el 2013, esta contaminación ha ido empeorando. El polvo fino causado por la aceleración de la industrialización en China, que depende del carbón para un 70 por ciento de su energía, está cruzando las fronteras y contaminando la atmósfera de las naciones que la rodean.

En junio de 2017, citando un reporte realizado por un equipo de investigación en la Universidad de Plymouth en el Reino Unido, el diario británico *The Guardian* reportó que se habían detectado fragmentos de plástico en un tercio de los mariscos y pescados extraídos de las aguas del Reino Unido. Los científicos de la Universidad de Ghent en Bélgica recientemente calcularon que las personas que comen mariscos y pescados con regularidad ingieren hasta 11.000 piezas pequeñas de plástico todos los años.

Esos fragmentos vienen de las botellas hechas de polietileno (PET). Cuando los peces comen las botellas PET que han sido descartadas en el océano y nosotros comemos esos peces, es como si estuviésemos comiendo esas botellas. Incluso ahora, 1,2 millones de botellas PET son vendidas cada minuto. Más de 480 mil millones de botellas de plástico fueron vendidas en el 2016 alrededor del mundo, y para el 2021, esto saltará otro 20 por ciento a 583,3 mil millones. Si las botellas que han sido vendidas hasta ahora se colocaran una después de la otra, se extenderían hasta más de la mitad del camino entre la tierra y el sol. Adicionalmente, para el 2015 el plástico en el océano pesará más que los peces que viven en él, de acuerdo con una investigación de la Fundación Ellen MacArthur. Las botellas plásticas que utilizamos y descartamos sin pensarlo demasiado son una amenaza para nuestras cenas. Adicionalmente, pocas veces podemos comer productos de agricultura o ganaderos sin los peligros de la contaminación ambiental, uso indiscriminado de productos químicos y manipulación genética.

La fuente de la vida humana es la naturaleza. Cuando la naturaleza se enferma, es inevitable que los humanos se enfermen también. Las enfermedades humanas causadas por la contaminación ambiental están aumentando a un ritmo muy acelerado en todo el mundo. David Pimentel, profesor emérito del Departamento de Ecología y Biología Evolucionaria en la Universidad de Cornell, junto a un equipo de investigadores de la escuela de postgrado anunció que el 40 por ciento de las muertes en todo el mundo son el resultado de contaminación en el agua, aire y suelos. Estos descubrimientos se basaron en un estudio de más de 120 trabajos publicados sobre los efectos del crecimiento de la población, desnutrición y contaminación ambiental sobre las enfermedades humanas.

La idea de que los humanos disfruten vidas de 120 años no es nada más que una fantasía a menos de que el ambiente en la tierra se vuelva más saludable. En Chad, un país africano, la expectativa de vida no supera los 49 años debido a enfermedades, desnutrición y escasez de agua potable. Debemos trabajar simultáneamente para cuidar a nuestras comunidades, a nosotros mismos y a nuestras familias. Además, debemos cuidar el ecosistema de la tierra en sí mismo, o el ambiente llegará a un estado del que simplemente no se podrá recuperar. Si esto ocurre, incluso la supervivencia humana será difícil.

Hace tres años, compartí una larga conversación con el Dr. Emanuel Pastreich, un académico experto en el este de Asia, sobre qué podemos hacer para vivir de forma más conciente y sostenible. Él me presentó las palabras del activista ambiental americano Gus Speth:

> Solía pensar que los principales problemas ambientales eran la pérdida de biodiversidad, el colapso del ecosistema y el cambio climático. Pensaba que 30 años de buenos avances científicos atenderían dichos problemas. Estaba equivocado. Los principales problemas ambientales son el egoísmo, avaricia y apatía, y para lidiar con ellos necesitamos una transformación cultural y espiritual. Y nosotros los científicos no sabemos hacer eso.

Estoy completamente de acuerdo en que el egoísmo, avaricia y apatía de los seres humanos son el corazón de nuestros problemas ambientales. Debemos trascender al valor del éxito y apuntar al valor de la plenitud. Las personas cuya conciencia se basa en el materialismo ven a la naturaleza como nada más que un objeto a ser desarrollado y explotado para el éxito. Esta es la raíz de lo que está dañando al ambiente y nos hace apáticos sobre estos daños. Nuestra única esperanza es trascender a nuestra separación de conciencia, darnos cuenta de que somos uno con la naturaleza y comprender completamente que la ella es la fuente de toda nuestra vida. Cuando las personas descubren estas cosas, los cambios comienzan.

Una perspectiva con una mentalidad estrecha que solamente se ocupe de mí, mi familia y mi país no puede solucionar los problemas que estamos experimentando. Debemos comenzar a pensar en todo como uno; la separación no es posible. El mundo no es una colección de cosas separadas; todo está interconectado con la energía. Estamos conectados por el aire, el agua, el viento y la luz del sol. Compartimos todo en el ambiente global. Ninguna nación puede detener el flujo de la energía construyendo altas paredes en sus fronteras. Los esfuerzos de una nación de ser fuertes construyendo muros y emitiendo regulaciones serán inútiles si sus vecinos son pobres e infelices. Policías poderosos y pilas de dinero no pueden detener los virus y la contaminación si esta es transportada por el agua y el viento.

Si vemos las cosas desde una perspectiva diferente, más allá de la separación y de nuestra conveniencia y lucro inmediato, encontraremos la sabiduría para solucionar muchos de los problemas de la actualidad. Por ejemplo, cuando dejamos de producir desechos alimenticios, tomamos un gran paso hacia la eliminación del hambre. Según algunos estimados, casi la mitad de los alimentos que son cosechados, procesados y transportados en Estados Unidos son desechados. Cada año, dedicamos alrededor de 1,7 billones de dólares globalmente a ejércitos, lo que equivale a alrededor de 247$ por cada persona entre los 7 mil millones de personas en el mundo. Si podemos reducir la enorme cantidad de recursos dedicada a las fuerzas armadas y utilizarlos para recuperar los daños que hemos generado a la naturaleza, podemos dejar cielos y aguas más claras a las próximas generaciones y otras formas de vida de nuestro planeta.

Si los humanos siguen viviendo como hasta ahora, causando daños masivos a otros seres humanos y organismos vivientes pensando únicamente en la expansión externa, el aumento de las expectativas de vida de los humanos no será necesariamente una buena noticia para el planeta. La generación más anciana, como las personas mayores iluminadas de nuestra época, tienen la responsabilidad de trabajar para asegurar que la forma en la que viven su edad dorada mejore la vida en el planeta. De otra forma simplemente estaremos aumentando lo que le quitamos a la tierra sin dar nada a cambio.

Vivamos como ciudadanos de la Tierra

Hace mucho tiempo que enseño a las personas sobre el Espíritu del Ciudadano de la Tierra. El centro de ese espíritu es muy simple. Es la noción de que debemos vivir en consideración con nuestro planeta porque, antes de ser miembros de algún país específico, etnicidad o religión, somos ciudadanos de la tierra. Aunque tenemos diferentes colores de piel y utilizamos diferentes lenguajes, hay un denominador común que nos une – somos parte de una misma especie que vive en un planeta llamado Tierra.

No hace mucho, me sentí increíblemente complacido de escuchar que el fundador y CEO de Facebook, Mark Zuckerberg, en un discurso de inicio de estudios en Harvard, habló sobre el concepto de ser ciudadanos del mundo. Si líderes como Zuckerberg que tienen una influencia social significativa hablan ampliamente sobre el espíritu de la ciudadanía de la tierra y continúan creando una solidaridad global, podremos crear un cambio positivo y significativo.

Todo el mundo en el planeta debe vivir con la conciencia de la ciudadanía de la Tierra. Los valientes activistas ambientales que se manifiestan y toman riesgos para detener derrames petroleros o pruebas nucleares no son los únicos viviendo como Ciudadanos de la Tierra. Las madres y padres que cocinan y limpian sus casas para sus familias, los profesionales que trabajan fuerte en sus empresas, abuelas y abuelos que cultivan jardines de vegetales y crían pollos en el campo – todos ellos pueden considerarse Ciudadanos de la Tierra.

Debemos comprender que la tierra es nuestro hogar, que es nuestra. Digamos que compras un carro que habías estado pensando comprar por un tiempo, y alguien le hace un gran rasguño con una uña. Naturalmente te sentirás molesto, con rabia y decepcionado. Si alguien intentara lastimar a tu hijo, te volverías más valiente y poderoso que el protagonista de una película de superhéroes. Probablemente no reaccionarías de esa forma si ese carro o niño no tuvieran nada que ver contigo, pero debido a que es tu carro y tu hijo, quieres protegerlos, sin importar qué. Tenemos que tener esa misma actitud hacia la tierra. El planeta es nuestro hogar. Y los otros humanos, animales y plantas son tu familia, seres que comparten el mismo hogar, esta tierra.

El primer paso a una vida como ciudadano de la Tierra es tener esperanzas y ser dueño de tu vida. Aquellos que no tienen un sentido de propiedad o que han perdido las esperanzas sobre su vida tendrán el mismo tipo de pensamientos hacia el planeta.

"Alguien más solucionará los problemas del planeta; nuestros líderes y expertos harán lo correcto", pueden pensar pasivamente. O pueden pensar de forma pesimista, "nada en el mundo cambiará sin importar lo que hagamos". Las personas a las que les falta la fe en sí mismas naturalmente encuentran difícil tener fe y esperanzas en otros en el mundo.

Si sientes que eres uno con la naturaleza y te conviertes en el verdadero dueño de tu vida, es natural que desarrolles un sentido de urgencia, sabiendo que los problemas de la tierra y los de la especie humana son los mismos. Si tienes el deseo de ayudar al planeta y a sus habitantes, incluso aunque sea un poco, puedes hacer una gran diferencia. Puedes utilizar tus conocimientos, dinero, poder, talento y tiempo para beneficiar a otras personas y a las comunidades. Si nos damos esperanzas, podemos convertirnos en la esperanza de la tierra. Un nuevo camino se abrirá para la tierra y la especie humana cuando se abra un nuevo camino en cada una de nuestras vidas.

Cada uno de nosotros tiene el corazón de un Ciudadano de la Tierra. Todo el mundo nace con el deseo de que las demás personas y formas de vida tengan salud y felicidad. Tenemos un deseo natural de contribuir, aunque sea solamente un poco, para hacer un mundo mejor. Actuar sobre ese deseo en nuestras vidas diarias es el estilo de vida de los Ciudadanos de la Tierra. Es el deseo de recoger la basura que se ha caído en la calle, porque es como si estuviera dentro de mi casa. Los Ciudadanos de la Tierra hacen más que limpiar sus patios.

Tu mentalidad como Ciudadano de la Tierra y tu capacidad de actuar se volverá más poderosa cuando los resultados del descubrimiento espontáneo surjan dentro de ti, en lugar de a partir de argumentos persuasivos hechos por otras personas. Los Ciudadanos de la Tierra se dicen a sí mismos "la fuente de mi vida es la naturaleza. El lugar del que vengo y el lugar al que regresaré es la naturaleza". La ciudadanía de la Tierra es la conciencia de que debemos preservar activamente la naturaleza y dejarla en buen estado para nuestros descendientes. Actuar sobre esa conciencia es la responsabilidad de las personas mayores iluminadas que buscan dejar un valioso regalo para la próxima generación.

Hemos llegado a esta tierra y debemos preocuparnos y cuidar a nuestras familias biológicas inmediatas. También debemos cuidar de nuestras comunidades, nuestro planeta y la naturaleza. Como personas mayores, despertemos y actuemos para asegurar que nuestro hogar tierra sea más seguro y permitamos que nuestras familias también sean más felices. Si nuestros descendientes también se despiertan y siguen este ejemplo, esto será incluso mejor.

Hanabuchi Keiko, Ciudadano de la Tierra

Hanabuchi Keiko, que tiene ahora 84 años, me mostró lo que significa ser una hermosa ciudadana de la tierra. Hasta los 60 años, trabajó como instructora de inglés de la escuela japonesa a la que alguna vez asistió. Después de retirarse, se ocupó de su madre, que sufría de demencia; su esposo, que sufría de cáncer de pulmón; y su hijo, que había sufrido de un derrame.

El año en que cumplió 73 años, tomaba ocasionalmente clases de yoga porque le resultaba muy frustrante estar todo el día en el hospital en el que su hijo había sido admitido. Un día, descubrió un Centro de Yoga para el Cuerpo y el Cerebro en el que enseñaban los métodos de entrenamiento de la mente y el cuerpo que yo había desarrollado. Hanabuchi se enamoró del entrenamiento de Yoga para el Cuerpo y el Cerebro. Era una alegría levantarse cada mañana, decía, y sentía que estaba volviendo a vivir la vida.

Eventualmente, quería compartir esa alegría con las demás personas, por lo que abrió un Centro de Yoga para el Cuerpo y el Cerebro cuando estaba a mediados de sus setenta años. Le tomaba una hora y veinte minutos llegar hasta el centro desde su hogar, pero no podía esperar a levantarse todos los días. Limpiaba el camino y las escaleras frente a su centro con sus propias manos todas las mañanas, pensando en las personas a las que daría clases ese día. Su centro fue muy exitoso gracias a su devoción y pasión.

Ahora, una década más tarde, Hanabuchi confió las operaciones del centro a alguien más y está dirigiendo un Club de Cerebro Feliz, un grupo de personas que hacen ejercicios mente-cuerpo que se reúnen regularmente en diversos lugares. En una oportunidad, dirigió 13 clubes. Ahora dicta clases en seis locaciones.

Sin importar lo que suceda, no descansa de su trabajo. Si su situación personal le impide asistir a clases, siempre las reprograma. De 5 a 15 personas de entre 50 y 70 años asisten a las clases de Hanabuchi. Ocasionalmente, también enseña en un centro de cuidados infantiles. A veces, las madres jóvenes traen a sus hijos de tres y cuatro años. Dice que es una gran alegría ver a los niños, que la llaman Hanabuchi Sensei, conforme realizan los movimientos que le enseña a sus madres. Hanabuchi dijo:

A veces, cuando hemos terminado con el entrenamiento, hablo sobre las cosas que he aprendido en mi vida hasta ahora. No es nada especial. Enseño que debemos considerar el tiempo y la vida que nos han sido otorgados como cosas preciadas y deberíamos vivir dando lo mejor, estando agradecidos por cada momento. Debemos desarrollar nuestros talentos y sabiduría todo lo que podamos y usarlos de forma que ayudemos a la sociedad y a los demás, además de a nosotros mismos. Las personas jóvenes y mayores escuchan atentamente a mis palabras, incluso a veces toman notas. Ahí es cuando obtengo un sentido de recompensa, y pienso: "Ah, ¡esa persona lo entiende!".

Yo le pregunté a Hanabuchi cómo pensaba que se veía la vejez, y esta fue su respuesta:

Había un drama de televisión que mostraba la vida de un samurái japonés. La madre del protagonista del drama le hablaba a su hijo sobre el espíritu del samurái mientras miraba a las hojas otoñales en el campo. "¿Sabes por qué las hojas del otoño son tan hermosas? Los árboles están almacenando la energía para soportar el duro invierno. Las hojas están muriendo en lugar del árbol. Dicen que esos cálidos colores son los colores de la resolución de defender algo que es más preciado que la vida propia".

Conforme veía esa escena, yo también pensé que debía pasar el resto de mi vida quemando mi energía como esas hojas, viviendo por los valores que considero preciados. Ahora que soy mayor, todo el que me pasa por al lado podría ser mi hijo. Cuando veo niños pequeños, todos se ven tan lindos y preciados, sin importar si los conozco o no. Llegué primero a la tierra y he vivido mucho más tiempo que ellos, por lo que quiero trabajar hasta el final de mi vida de forma que pueda decir, "este es el orgullo y dignidad de vivir como un ser humano".

Hanabuchi siente que las personas que le pasan por un lado en la calle son sus hijos. Al haber llegado a la tierra primero y haber vivido más tiempo, quiere quemarse con pasión hasta el final para proteger lo que es preciado para la comunidad de la tierra. Su historia nos inspira para vivir feliz y hermosamente y para vivir como lo haría un Ciudadano de la Tierra. Es un hermoso testimonio que siempre me hace sonreír al evocarlo.

Una cultura de tolerar y compartir

Durante la primera mitad de nuestras vidas individuales, experimentamos cuán destructiva puede ser la búsqueda de las posesiones, control y conquistas. Es responsabilidad de la generación mayor compartir su sabiduría para que pueda convertirse en la sabiduría de guía de toda la sociedad. Al enseñar el valor de la plenitud a las personas jóvenes que aún están en su período de éxito, podemos evitar que la vida humana y la naturaleza se empobrezcan espiritualmente.

Las personas mayores pueden ayudar a restaurar el balance al inspirar valores de compartir y ofrecer en una sociedad que piensa en la expansión y el monopolio como sus valores centrales. Sin importar cuánto le aconsejemos a las personas más jóvenes tomarse el tiempo para encontrar un balance, no es fácil para aquellos que están buscando el éxito. A esa edad, querer crecer y expandirse es un imperativo fisiológico. No es positivo hablar con un árbol cuando está en su momento de mayor frondosidad y verdor sobre la belleza de las hojas de otoño teñidas de dorado; no va a querer abandonar su verdor por las tonalidades del otoño.

Esa es la razón por la que es importante la armonía. Las personas jóvenes deben retarse ambiciosamente y trabajar con enfoque; naturalmente necesitamos seguridad material y éxito. Los problemas ocurren cuando los valores materiales son aceptados como los únicos válidos. Los valores humanos están desapareciendo mientras que le damos toda la importancia al éxito, la expansión y el crecimiento. Las personas mayores iluminadas son las que pueden actuar como contrapeso en una sociedad que se mueve hacia los extremos.

En una sociedad centrada en el éxito, únicamente los papeles de los jóvenes y los adultos – como la producción, expansión y desarrollo – son vistos como importantes. Cuando se supera la juventud y la adultez, estos roles pasan a la siguiente generación y el ciclo se mantiene intacto. Muchos de los problemas sociales a los que nos enfrentamos ahora están conectados íntimamente con este sistema de valores. En esta época, la relajación y exhalación, dar y recibir, son tan necesarios en la sociedad como lo son en nuestras vidas personales. Las personas jubiladas suelen ser sacadas de las actividades productivas, pero en lugar de convertirse en espectadores o humanos sobrantes, pueden aceptar alegremente nuevos roles – roles de inspirar el valor de la plenitud, sabiduría, tolerancia y la atención en una sociedad que le da importancia únicamente a la expansión y el desarrollo. Cuando la generación más joven está cerrando sus puños e inhalando, la generación mayor tiene que abrir los puños y exhalar. Al igual que nuestros corazones circulan la sangre alrededor del cuerpo, avanzando con el ritmo natural de la contracción y relajación, las personas mayores con conciencias iluminadas deben impulsar un balance entre los dos valores: el éxito y la plenitud.

Veo el balance del éxito y la plenitud en el Camino del Bosque de la Nueva Vida en Earth Village en Nueva Zelanda. Todos los tipos de árboles viven en armonía en este bosque. Hongos negros enormes crecen en la base de inmensos árboles de pino. Los grandísimos helechos con lujosas hojas crecen a la sombra de los altos árboles de Kauri. Y todo tipo de musgos encuentran lugares en las sombras de esos helechos. Las parras utilizan los troncos sólidos de otros árboles como soporte, creciendo en una simbiosis como si fueran un solo cuerpo. La belleza de los diferentes organismos viviendo en armonía, aceptándose y recibiéndose, es profundamente conmovedora.

Un nuevo futuro para la humanidad

La generación mayor tiene la responsabilidad de mostrar a la generación más joven que una vejez valiosa y hermosa es posible. Pero debemos demostrar con nuestras vidas que hay algo más que el crecimiento vigoroso de las personas en su adolescencia, sus 20 años, o el dinámico drama del éxito de aquellos con 30, 40 y 50 años. Deben ver el hermoso drama de alcanzar la madurez interna desde los 60 años en adelante. Las personas mayores tienen una responsabilidad de mostrar que la plenitud de sus vidas personales contribuye a lograr una sociedad más madura y humana, y que tienen el potencial y el poder de hacer esto.

Decidir vivir hasta los 120 años no significa únicamente que deseas vivir todo ese tiempo; es una expresión de tu convicción y una voluntad de cambiar tu vida, cambiar tu comunidad y definir el curso de la especie humana y de la tierra para un mejor futuro. Por lo tanto, me gustaría ver a muchas personas teniendo ese sueño y diseñando su presente y su futuro a través de la elección de vivir hasta los 120 años, como lo hice yo. Puedes tener un sueño que mueva profundamente tu alma, un sueño tan grande que tengas que vivir hasta los 120 años para poder cumplirlo.

Creo en el poder de los sueños de las personas. Sueños grandes y hermosos hacen personas grandes y hermosas. El gran sueño de una persona podría detenerse en cambiar su vida, pero un gran sueño aceptado por muchas personas podría cambiar el mundo. Veo un espíritu humano extraordinario en todas las personas que conozco – grandes héroes y seres extraordinarios dentro de todas las personas ordinarias. Todo el mundo tiene el deseo de que las demás personas y formas de vida, además de sí mismos, sean saludables y felices de contribuir con un mundo mejor. En particular, la generación mayor que está viviendo la segunda mitad de su vida –como por ejemplo Sensei Hanabuchi– sienten que las demás personas son sus hijos o hijas, y tienen un profundo sentido de la responsabilidad para la humanidad y el mundo. Pienso que deberíamos considerar esas actitudes y asegurar que sean reveladas y reflejadas en nuestras vidas.

Esta es la primera vez en la historia del planeta que las elecciones de cada persona tendrán un impacto decisivo en el futuro de la tierra. En las generaciones previas, el poder de las elecciones individuales era demasiado insignificante como para afectar al planeta entero. Ahora, gracias al desarrollo de la ciencia y la tecnología, podemos sentarnos en nuestros salones y saber qué está sucediendo en el otro lado del planeta. En la mayoría de los países democráticos, los individuos tienen el poder de crear cambios políticos, sociales y culturales. Ahora vemos qué está pasando alrededor del mundo, no solamente alrededor de nosotros. Esto significa que nuestra conciencia se está expandiendo – y esto es, de hecho, un increíble progreso en la historia de nuestra especie. Es una oportunidad de expansión de conciencia para que cada uno de nosotros trascienda los límites del pensamiento individual, para expandir nuestra conciencia infinitamente.

La vejez que experimentaremos tiene un significado sin precedentes en la historia humana. Aún no sabemos cómo vivir bien durante tanto tiempo; los modelos a seguir para estas situaciones son extraños. Estamos buscando alcanzar cosas nuevas conforme vamos hacia adelante y hacia atrás entre las ideas que hemos heredado sobre la vejez de las generaciones anteriores y el infinito potencial que se despliega frente a nosotros.

La generación americana del Baby Boom se conforma actualmente de personas mayores con un muy importante poder – político, económico, social y cultural – que no puede ser comparado con las generaciones previas. La generación de los ancianos no solamente tiene mucho tiempo, también tienen la pasión para verter esta energía en trabajos significativos. Si este poder, tiempo y pasión pueden ser conducidos en la dirección correcta, tendrá una influencia en los individuos y, a mayor escala, en toda la tierra. Debemos creer en el poder y la sabiduría de las personas mayores para lograr esto.

Lo que las personas mayores de hoy, la generación que más ha vivido en la historia de nuestra especie, podemos dejar a la tierra será determinado por nuestros valores y por la forma en que vivamos. Una perspectiva completamente nueva sobre la vejez podría establecerse, dependiendo de cómo pasemos cada uno de nosotros nuestros últimos años, y una cultura de sabiduría nunca vista en la historia humana puede nacer. Espero que muchas personas que están en su vejez, incluyéndome, acepten estos roles históricos y retos y puedan crear una nueva cultura de envejecimiento. No son los gobiernos, industrias, tecnología y otros sistemas los que pueden cambiar a la sociedad y salvar a la tierra. Cada uno de nosotros individualmente debe desear hacerlo. Eso creará pronto una nueva cultura de envejecimiento, que funcione como una poderosa fuerza para cambiar el mundo.

Si buscamos desarrollar los valores internos y la madurez del carácter y apuntamos a la plenitud en la última mitad de nuestras vidas, y si vivimos vidas de dar y compartir, podremos dejar un planeta más saludable, feliz y pacífico que el de hoy. Entonces podremos ponernos de pie frente a la nueva generación con dignidad, como verdaderos guías mayores. Con confianza y orgullo podremos decir "intentamos no dejarles un ambiente contaminado, trabajamos para crear un mundo más gentil, amable y humano, y esperamos que trabajen para dejar a la generación que les seguirá una mejor calidad de vida que la que nosotros tuvimos".

" Se podría establecer
una perspectiva
completamente
nueva sobre la vejez,
dependiendo de la forma
en qué pasemos nuestros últimos
años, y podría nacer una cultura de
sabiduría nunca antes vista en la
historia humana".

Una invitación especial a Earth Village

Escribir este libro ha sido una bendición para mí. Como muchas personas, he experimentado una gran cantidad de dificultades en la vida. Pero me he dado cuenta de que los tiempos duros, al igual que las alegrías, me han hecho la persona que soy actualmente. Me he vuelto más fuerte y he llegado a amar más mi vida conforme he tenido que superar esos momentos. Ahora conozco con mayor claridad mi verdadera identidad y entiendo el valor y propósito de mi vida. Este libro ha aumentado mi esperanza en la humanidad, ya que está hecho para personas que, como tú, quieren vivir una segunda mitad de la vida de acuerdo con su yo superior.

Quiero hacer una sugerencia. La misma implica algo conocido como año sabático. Este término se refiere comúnmente a la práctica de tomar un año libre de estudios entre la secundaria y la universidad, para así tener diferentes experiencias sociales y tiempo de desarrollo personal. Desafortunadamente, la mayor parte de la educación formal hoy en día está alejada del desarrollo personal. De hecho, las escuelas generalmente roban el ser propio de los niños. No hay nada tan descorazonador como ver a los niños perder la fe en sí mismos y en el mundo luego de perder confianza y respeto personal mediante el proceso infinito de la competencia.

Creé en Corea del Sur la Escuela Benjamin para la Educación del Carácter, que busca enseñar a los niños verdades de la vida y habilidades que no son impartidas en la mayoría de las escuelas. Este curso de un año es una suerte de programa para un año sabático para estudiantes de secundaria. Hay cinco cosas que la escuela no ofrece: asistencia diaria, profesores, libros de texto, exámenes y tareas. La regla número uno es que tú debes hacer tu propio plan de lo que harás, y luego actuar con base en ese plan. Los estudiantes establecen un proyecto para sí mismos, que combine lo que quieren hacer con la posibilidad de ayudar a otras personas, y que pueda terminarse en un año. El respeto, confianza y valor en sí mismos que desarrollan en este proceso les durará toda la vida. Esta experiencia cambiará sus destinos.

Pienso que las personas que están preparándose para el periodo de realización (por ejemplo: la segunda mitad de sus vidas) necesitan una especie de año sabático. No necesariamente tiene que ser un año calendario. Pueden ser varias semanas o meses, o también puede ser más de un año. Sin importar la extensión, quisiera que se tomaran ese tiempo para enfocarse completamente en sí mismos, mirar en calma la primera mitad de sus vidas y diseñar la mitad restante.

Y si tienes la oportunidad, espero que visites Earth Village en Kerikeri, Nueva Zelanda. Hay dos proyectos importantes actualmente en Earth Village. Uno es establecer una escuela en la que personas provenientes de todo el mundo puedan quedarse por unas semanas o meses, experimentando lo que significa vivir como ciudadanos de la tierra y convirtiéndose en líderes para sí mismas. Aquí aprenderán prácticas naturales y saludables, y habilidades para la vida que les permitirán ser autosuficientes en salud, felicidad y paz, además de retomar su fuerza y vigor mientras entrenan mente y cuerpo en la naturaleza. También experimentarán el proceso de cultivo de vegetales y la cría de animales, construcción de casas y desarrollo de habilidades seguras para la naturaleza. Los participantes aprenderán a crear y gestionar sus vidas de la forma que quieran, utilizando la creatividad de sus cerebros. Estoy imaginándome a varios líderes de los ciudadanos de la tierra entrenando en este lugar, y luego regresando a sus comunidades para compartir lo que han aprendido, cambiando vidas y comunidades de forma positiva.

El segundo proyecto que se está realizando en Earth Village es el Tour de Meditación de Nueva Zelanda. El mismo está diseñado para que los participantes busquen en el pasado de sus vidas y abracen el sueño del Chunhwa, mientras diseñan sus vidas futuras. El objetivo del Tour de Meditación es diferente a cualquier viaje de paisajismo ordinario, que se centra en ver y disfrutar la belleza de la naturaleza. Este es un viaje hacia el yo verdadero de las personas, un viaje para rediseñar sus vidas.

Encontrar al verdadero yo es complicado cuando tu mente está inmersa en el caos y atada a la realidad. Es importante escapar de vez en cuando de la banda continua y los patrones repetitivos de tu vida diaria. Estás moviéndote hacia un nuevo tiempo y espacio: entrar en un ambiente completamente nuevo le dará una sacudida a tu cerebro. En lugar de los patrones habituales de pensamiento que siempre has tenido, tu cerebro comienza a tener nuevas ideas provenientes de nuevos circuitos. La simple experiencia de volar desde el hemisferio norte hacia Nueva Zelanda (hemisferio sur) estimulará tu cerebro.

Mientras cruzas el ecuador de la tierra pensarás lo siguiente: "Realmente estoy viviendo en la tierra". Entrarás en un lugar desconocido, un nuevo espacio y tiempo. La naturaleza inmaculada que encontrarás en Nueva Zelanda renovará y llenará tu cuerpo, mente y consciencia – todo tu ser.

Earth Village en Nueva Zelanda tiene una energía extraordinaria. El aire fresco y purificante no se parece a nada que hayas respirado en la tierra. Los adjetivos "libre" y "limpio" no se acercan a la descripción del mismo, ya que de alguna manera lleva y revitaliza todo tu cuerpo. En los bosques de Earth Village todo lo que tienes que hacer es sentarte y respirar. Te preguntarás por qué tu respiración tiene que ser tan profunda y por qué quieres seguir tomando esas bocanadas frescas. Cada vez que inhales, sentirás el aire refrescante entrando en tus pulmones, en cada grieta y espacio de tu cerebro, y tendrás la sensación de que todo se está limpiando y sanando en cada célula de tu cuerpo. Yo lo llamo el efecto del pulmón y el cerebro limpio.

Un botánico que visitó el camino en el bosque en Earth Village dijo que este lugar alberga 10 especies de plantas que dan la mayoría de las fitonicidas, antibióticos naturales que emiten para protegerse a sí mismas de pestes y bacterias patogénicas. Para los humanos, las fitonicidas son sustancias de sanación natural que alivian el estrés, fortalecen las funciones cardíacas y pulmonares, y tienen un efecto germicida. Aunque el ambiente natural de Earth Village es especial, lo que lo hace diferente de cualquier otro espacio natural de Nueva Zelanda es la presencia de espíritu. Es el espíritu de Chunhwa, el espíritu de los ciudadanos de la tierra. Earth Village es verdaderamente un lugar para aprender y experimentar el Chunhwa, un lugar que nos permite sentir un deseo sincero para el Chunhwa. Como pensé en la cantidad de personas que visitarían desde diferentes partes del mundo, desarrollé espacios para la meditación Chunhwa en varias locaciones, y les di nombres que contienen significados del Chunhwa.

Uno de estos lugares es Chunhwa Park. Tres cascadas que representan cielo, tierra y humanidad. En este libro he incluido fotografías de la hermosa vista de esas cascadas, aunque verdaderamente no pueden representar la real y vibrante energía del lugar. En un bosque primitivo que preserva naturaleza en su esplendor divino, todas las células de tu cuerpo se llenan del sonido de las cascadas, las corrientes bajando por los barrancos, el sonido de los pájaros y la energía vital de la naturaleza que emanan las rocas mohosas, el suelo y los árboles. Si cierras los ojos y meditas en ese lugar por un tiempo, sentirás automáticamente que el cielo, la tierra y la humanidad han entrado en ti, y tú eres la energía canalizadora de todos.

Mientras te impregnas de este esplendor puedes contemplar qué tan lejos has llegado y hacia dónde vas mientras subes cada uno de los 120 pasos para la Realización del Alma, unas escaleras rodeadas por un bosque primaveral. Cuando te sientes en un banco de madera rústica al final del camino, estarás en capacidad de sentir energía divina vertiéndose desde la corona de tu cabeza como una cascada, y estarás inspirado para elegir una vida de 120 años.

No muy lejos de Earth Village encontrarás un majestuoso árbol hwangchil (Dendropanax) de 1.000 años, el cual tiene una fuerza vital abrumadora. Ese árbol puede que te ofrezca el siguiente mensaje: "Bienvenido a este lugar. He estado esperándote. Puedes alcanzar el sueño del Chunhwa y hacer de este mundo un mejor lugar".

A las personas que vienen al Tour de Meditación les digo que traigan con ellos una hwadu sincera, una pregunta para resolver. Si tienes un problema que quieras resolver, un problema que no has podido aclarar sin importar cuánto hayas pensado en el mismo, ese tipo de pregunta es una hwadu. Recibirás un mensaje claro, uno que hace juego con la sinceridad de tu deseo por responder las preguntas con las que has estado luchando.

Esto solamente sucede cuando eres uno solo con la naturaleza, y no estás pensando en ello. Las capas de defensa que te rodean se derrumbarán cuando la energía vital de la naturaleza, entrando a tu cuerpo mediante una respiración profunda, abra todos tus puntos de energía. Tus pensamientos divagantes se detendrán, y estarás en capacidad de verte a ti mismo con honestidad mientras la energía de tus emociones es purificada. Tu consciencia se levantará automáticamente cuando la energía inmaculada de la naturaleza llene el espacio que quedará vaciado por tus emociones y pensamientos.

Cuando la naturaleza en tu interior y exterior se torne una sola, entonces escucharás el mensaje que necesitas, y la plenitud que siempre ha estado en ti se despertará. Encontrar y desarrollar la plenitud o realización es el proceso del Chunhwa, la realización del alma. Estarás verdaderamente en capacidad de comenzar una nueva vida de Chunhwa cuando hayas encontrado el nuevo ser completo más allá de lo que has conocido como "yo". Encontrarás el verdadero ser que siempre ha estado escondido profundamente en ti, más allá de los pensamientos y las emociones. Ese es tu verdadero valor, el valor de la humanidad, el valor de la vida.

El Tour de Meditación de Nueva Zelanda es un tiempo para hacerle frente al ego, un tiempo para que la oruga se transforme en su capullo. Si un polluelo está por salir del huevo, debe picotear con valentía toda la cáscara. De la misma forma, debemos elegir sin dudas diseñar nuevas vidas para nosotros mismos. Puede que hayamos estado viviendo como exigían nuestros entornos, de acuerdo con sistemas sociales. Aunque hemos vivido nuestra vida de forma diligente hasta los momentos, todos querríamos diseñar nuevas vidas para nosotros de tener la oportunidad. Todo el mundo desea vivir una vida basada en valores mayores, transcender sus pensamientos, memorias y hábitos previos. La esperanza revive dentro de nosotros cuando hemos encontrado al verdadero ser. Y cuando revive la esperanza por nosotros mismos, esta se puede volver esperanza para el mundo.

Mientras he desarrollado Earth Village, he llegado a tener confianza de que este lugar será realmente una tierra que creará un nuevo fervor. Cuando vienes a Earth Village un ánimo puro de vivir tu vida amando a los demás se eleva de forma natural en tu corazón. Sientes pasión por salvar tu vida y volverte la esperanza de la tierra y toda la humanidad. Ese anhelo es el mejor regalo que le puedes dar a tu cerebro. Cuando tenemos ese sueño, nuestros cerebros encuentran una razón y propósito para vivir hacia los 120 años. Nuestros cerebros comienzan a diseñar la vida del Chunhwa, la vida de la realización que realmente queremos. Quiero permitirle a todos los que visiten Earth Village a que encuentren ese sueño y esa pasión. Es por ello que estoy creándola y por esa razón quiero pasar el resto de mi vida trabajando en algo que dejar al mundo, a las personas y a la tierra.

Todas nuestras vidas son hermosas y brillantes ahora, en este preciso momento. Ellas brillarán incluso más si sentimos y elegimos con todo el corazón que usaremos nuestra energía vital hasta el día en que fallezcamos. Te ofrezco mi respeto y agradecimientos más sinceros por todas las buenas obras que hayas hecho hasta el momento, tanto para ti como para los demás. Todas las cosas que hemos hecho se han unido para hacer de este mundo un mejor lugar, y creo que nuestras acciones también lo harán en el futuro. Nuestra energía vital se agota con el tiempo inevitablemente. ¿Cómo usaremos lo que nos queda? Eso es lo importante. También podremos utilizar esa energía para alcanzar apasionadamente nuestros sueños. ¿Qué te parece? Estoy anhelando sinceramente ver qué seremos capaces de dejar en este mundo mientras usamos nuestra preciada energía vital, de forma brillante y hermosa, durante el tiempo que nos queda.

Quisiera agradecerte por leer este libro, y espero que mi forma de pensar acerca de una vida orientada a la plenitud te ayude a alcanzar una vida más valiosa. Que tu vida esté llena de la alegría de la realización, una vida de 120 años en la que envejezcas de forma hermosa, todo ello mientras alcanzas tus sueños con buena salud y felicidad.

Desde Earth Village, en Nueva Zelanda
Ilchi Lee

AGRADECIMIENTOS

Muchas personas colaboraron o dieron su apoyo en la creación de este libro. A todas les envío mis más sinceros agradecimientos.

Hyerin Moon y Jiyoung Oh de Best Life Media colocaron sus experticias en la edición y producción de este libro desde el inicio hasta el fin. Daniel Graham realizó la traducción al inglés y Nicole Dean y Phyllis Elving transformaron esa traducción en un texto atractivo y sencillo de leer. Sue Vander Hook le dio la pulida final de edición al manuscrito. La Dra. Deborah Coady ofreció opiniones valiosas que guiaron el proceso de edición y Michaela Mangiaracina ayudó con las etapas finales de la producción del libro. Hyerin Moon y Jordan Diamond contribuyeron con las hermosas fotografías de Nueva Zelanda que puede encontrar a lo largo del libro y Jooyoung Ryu colaboró con las cálidas ilustraciones.

Una gran cantidad de personas que están en la segunda mitad de sus vidas compartieron sus historias e ideas relacionadas con el envejecimiento exitoso: Susan Gerace, Alyse Gutter, Anne Covert, Sandra Scheer, David Plummer, Janet Duda, Brian O´Reilly, Marti Bay, Joy Venegas y Susan Propst. Aunque no pude incluirlos a todos en el libro, tanto sus vidas como la dedicación que tienen hacia sus comunidades me inspiraron, y todo ello brilla en forma de ejemplos para los demás.

Y para todos los ancianos iluminados que dieron su apoyo a este libro: Barbara Marx Hubbard, don Miguel Ruiz, Neale Donald Walsch, Michael Bernard Beckwith, la Dra. Christiane Northup, el Dr. Emeran Mayer, el Dr. Reed Tuckson, el Dr. Jessie Jones, el

Dr. Darrell Wolfe – estoy humilde y sinceramente agradecido por sus palabras.

La edición en español de "He decidido vivir 120 años" fue posible gracias al trabajo de varias talentosas personas. Alejandra de la Torre tradujo expertamente el manuscrito desde el inglés y sirvió de apoyo para todo el proceso de edición. Mariángela Abbruzzese y Javier Camacho Miranda editaron hermosamente la traducción y Juan Gabriel Díaz Rodríguez realizó un bello trabajo al diagramar el texto en español. Aprecio profundamente sus dedicados esfuerzos.

ACERCA DEL AUTOR

Ilchi Lee es un apasionado visionario, educador, mentor e innovador. Ha dedicado su vida a impartir los principios de la energía, y a investigar y desarrollar métodos para nutrir el potencial total del cerebro humano.

Por más de 35 años su misión de vida ha sido ayudar a las personas a aprovechar su propio poder creativo y potencial personal. Para cumplir esta meta ha desarrollado diferentes entrenamientos de cuerpo y mente, tales como Yoga para el Cuerpo y el Cerebro y Educación Cerebral. Sus principios y métodos han inspirado a muchas personas alrededor del mundo para que tengan vidas más saludables y felices.

Lee es un autor con éxito de ventas del *New York Times,* que ha redactado más de 40 libros, incluyendo *La Llamada de Sedona: un Viaje del Corazón, Cambio: Realizando tu Máximo Potencial* y *El Poder del Cerebro: Cinco Pasos para Actualizar el Sistema Operativo de tu Cerebro.* También es una persona humanitaria con reconocimiento, que ha trabajado en las Naciones Unidas y otras organizaciones en beneficio de la paz mundial. Comenzó el Movimiento de Ciudadanos de la Tierra, un esfuerzo mundial enfocado en aumentar la conciencia de los valores de la ciudadanía de la tierra, además de poner los mismos en práctica.

Lee ejerce como presidente de la Universidad de la Educación Cerebral, la Universidad Cibernética Global y la Asociación Internacional de la Educación Cerebral. Para obtener más información acerca de Ilchi Lee y su trabajo, visita la siguiente dirección: ilchi.com.

RECURSOS

Clases de Yoga de Cerebro & Cuerpo, y de Thai Chi.

Los 100 centros de Yoga para el Cerebro y el Cuerpo y Thai Chi en los Estados Unidos conforman una de las mejores alternativas que tienes para poner en práctica los ejercicios y principios introducidos en este libro de forma significativa en tu día a día. Allí se ofrecen clases, talleres y sesiones individuales basadas en la sanación del este de Asia y las filosofías de la energía. Sus instructores y centros comunitarios ofrecen consejos y apoyo para tu continuo crecimiento y creación de vida.

Oferta especial para lectores de este libro

Trae una copia de *He decidido vivir 120 años* a cualquier centro de Yoga para el Cuerpo y el Cerebro y Thai Chi ubicado en los Estados Unidos y obtén un 50% de descuento en la sesión introductoria. Durante esta sesión privada de 45 minutos un instructor evaluará tu flexibilidad, balance, respiración, energía y niveles de estrés, para luego recomendar un plan personalizado de práctica, ajustado a tu necesidades físicas, mentales, emocionales y/o espirituales.

Esta oferta especial finaliza el 30 de junio de 2019.

Encuentra un centro cerca de ti en BodynBrain.com.

Retiros y talleres

Las oportunidades para sumergirte en la sensación de ser uno solo con la naturaleza, reflexionar sobre tu vida y planificar la segunda mitad de la misma son ofrecidas en estos centros de retiro.

Sedona Mago Retreat

Enclavado entre las rocas rojas de un impresionante terreno de 175 acres bajo el amplio y azul cielo del desierto alto de Arizona, el Centro de retiro Sedona Mago es el lugar ideal para dejar que la naturaleza barra hacia un lado las molestias de una vida ocupada. Acá tendrás la oportunidad de ver dentro de ti mismo para encontrar las respuestas sobre quién eres y qué es lo que realmente quieres. Asiste a un retiro personal en la segunda mitad de tu vida o únete a uno de los muchos programas para desarrollo personal que se ofrecen en este lugar. Encuentra más información en SedonaMagoRetreat.org.

Honor's Haven

Para un escape personal entre las colinas rodantes de la región montañosa de Shawangunk, el punto de escape hacia Catskills en Nueva York, debe visitar el resort y spa Honor's Haven. Los 200 acres de jardines vibrantes, además del lago cristalino y un bosque para meditar, son elementos que te inspirarán a descubrir tu yo superior dentro de ti. Disfruta de clases de bienestar y programas de retiro en los que instructores experimentados te guiarán en tu viaje interno. Encuentra más información en: HonorsHaven.com.

Vive 120 años – Curso especial en línea

El libro He decidido vivir 120 años cobra vida en este curso en línea. Sus mediaciones y ejercicios de escritura te guían por las ideas y prácticas claves que aparecen en este texto. Incluye entrevistas exclusivas con Ilchi Lee y otros expertos. Los lectores recibirán un descuento especial en el curso. Para obtener más información ingresa en **Live120YearsCourse.com.**

Aplicación de ejercicio de un minuto

El autor Ilchi Lee desarrolló una aplicación para ayudarte a adoptar el ejercicio de un minuto como hábito diario. Disponible tanto para iOS como para Android, esta aplicación incluye alarma, temporizador, rastreador y una librería de ejercicios de un minuto. Puedes descargar gratis y aprender más sobre esta aplicación en **1MinuteChange.com.**

Movimiento de los ciudadanos de la Tierra

Vivir como un ciudadano de la Tierra comienza por una decisión personal, pero cuando muchos individuos se unen, se da inicio a un cambio sistémico. El Movimiento de Ciudadanos de la Tierra trabaja para aumentar la consciencia del poder de las decisiones personales, promueve el espíritu de la ciudadanía de la tierra y completa acciones reales con miras a tener un mundo más saludable y sustentable. El mismo está coordinado por la Organización de los Ciudadanos de la Tierra (ECO), una organización sin fines de lucro que entrena a los ciudadanos de la tierra para que vivan de forma consciente y sustentable. Puedes aprender más acerca del estilo de vida de los ciudadanos de la tierra, encontrar oportunidades de voluntariado, unirte al Club de los Ciudadanos de la Tierra y ver programas de entrenamiento de la Organización de los Ciudadanos de la Tierra en **EarthCitizens.org.**

Libros Relacionados

Los siguientes libros fueron mencionados en *He decidido vivir 120 años* o tienen información útil para diseñar el período de plenitud de tu vida. Revisa todos estos y más de los libros de Ilchi Lee en **BestLifeMedia.com**.

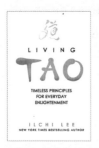

Viviendo el Tao

Principios atemporales para la iluminación diaria

Gestión de la Tierra

Un diálogo con la sabiduría antigua coreana y sus lecciones para una nueva Tierra

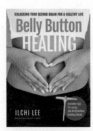

La sanación del ombligo

Desbloqueando tu segundo cerebro para una vida saludable

Florecimiento pleno

Una guía de educación cerebral para envejecer con éxito

Sanando los chakras

Despierta el sistema de energía de tu cuerpo para una salud, felicidad y paz completas

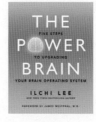

El Poder del Cerebro

Cinco pasos para actualizar el sistema operativo de tu cerebro

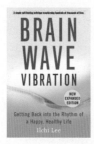

Vibración de las ondas cerebrales

Volviendo al ritmo de una vida feliz y saludable

Meditación LifeParticle

Una guía práctica para la sanación y la transformación